하루에 딱 하나만!
30일 후면 나도 자유여행 간다!

1일 1패턴
여행영어

이민호 · 이지톡연구소 공저

KB106618

길벗
이지:톡

1일 1패턴 여행영어

초판 1쇄 발행 · 2019년 1월 20일
초판 4쇄 발행 · 2023년 4월 10일

지은이 · 이민호, 이지톡연구소
발행인 · 이종원
발행처 · (주)도서출판 길벗
브랜드 · 길벗이지톡
출판사 등록일 · 1990년 12월 24일
주소 · 서울시 마포구 월드컵로 10길 56(서교동)
대표전화 · 02)332-0931 | **팩스** · 02)323-0586
홈페이지 · www.gilbut.co.kr | **이메일** · eztok@gilbut.co.kr

기획 및 책임편집 · 임명진(jinny4u@gilbut.co.kr) | **디자인** · 최주연 | **제작** · 이준호, 손일순
마케팅 · 이수미, 장봉석, 최소영 | **영업관리** · 김명자, 심선숙 | **독자지원** · 윤정아

원고정리 및 편집진행 · 강윤혜 | **전산편집** · 이현해
녹음 및 편집 · 와이알미디어 | **CTP 출력 및 인쇄** · 금강인쇄 | **제본** · 금강제본

- 길벗이지톡은 길벗출판사의 성인어학서 출판 브랜드입니다.
- 잘못 만든 책은 구입한 서점에서 바꿔 드립니다.
- 이 책은 저작권법에 따라 보호받는 저작물이므로 무단전재와 무단복제를 금합니다.
- 이 책의 전부 또는 일부를 이용하려면 반드시 사전에 저작권자와 (주)도서출판 길벗의 서면 동의를 받아야 합니다.
- 책 내용에 대한 문의는 길벗 홈페이지(www.gilbut.co.kr) 고객센터에 올려 주세요.

ISBN 979-11-5924-213-7   03740 (길벗 도서번호 301011)
정가 12,000원

독자의 1초까지 아껴주는 정성 길벗출판사

(주)도서출판 길벗 IT교육서, IT단행본, 경제경영서, 어학&실용서, 인문교양서, 자녀교육서
www.gilbut.co.kr
길벗스쿨 국어학습, 수학학습, 어린이교양, 주니어 어학학습, 학습단행본
www.gilbutschool.co.kr

자유로운 여행을 위한 매일 영어 습관
1일 1패턴 여행영어 유튜브

인기강사 이민호와 함께 하는 하루 5분 무료 영어회화 강의!
〈1일 1패턴 여행영어〉 🎙음성강의는 **팟빵/아이튠즈**에서,
▶**영상강의**는 **유튜브**에서 만날 수 있습니다.

검색창에 "1일1패턴 여행" "1일1패턴 여행 영어" 검색

검색

 팟빵 You Tube

음성강의   영상강의

머리말

자유여행 가고 싶은데 영어가 짧아…

"30일 후면 나도 영어로 자유여행!"

요즘은 자유여행이 대세라고 하죠? 원하는 장소를 방문하고, 먹고 싶은 음식을 마음껏 먹으면서 여유롭게 여행의 즐거움을 누리는 나의 모습, 상상만으로도 행복합니다. 그런데 막상 가이드 없이 떠나려고 보니 아무래도 짧은 영어가 걸립니다. 그렇다고 고작 영어 때문에 여행의 즐거움을 포기해서야 됩니까? 남들도 다 한다는 자유여행, 까짓거 해 봅시다. 다행히 여행지에서 사용하는 영어는 한정돼 있어서 도전해볼 만하답니다.

여행준비로도 바쁜데 영어까지? ㅠㅠ

"시간 많이 안 뺏어요. 하루에 10분만!"

비행기와 호텔을 예약하고, 여행지 정보를 검색하고, 짐을 싸다보면 어느새 출발이 코앞이죠? 한참 남은 줄 알았는데 시간이 훌쩍 흘러요. 바쁜 일상에, 여행준비에, 몸이 열개라도 모자란데 여기에 영어까지 해야 한다니 너무 가혹한 거 아닌가요? 그래서 준비했습니다. 이 책은 바쁜 여러분을 위해(듣고 따라 말하며) 매일 10분 학습으로 여행영어의 핵심을 익힐 수 있도록 설계했습니다. 여러분의 하루 24시간 중 단 10분만 영어에 양보해 주세요.

설마 100일이나 투자하려고요?

"딱 30일만 공부하고 떠나세요!"

물론 외국어 공부는 시간을 많이 투자해서 나쁠 건 없지요. 하지만 여행지 예약도 한두 달 전에 하는데 여행영어를 몇 달씩 준비하는 게 쉬울까요? 그렇다고 하루 이틀 바짝 외운다고 머리에 다 들어오는 것도 아니고요. 한 달 어떠세요? 이 책의 훈련은 해외여행 떠나기 한 달 전부터 하루 전까지 총 30일의 과정으로 정리되어 있습니다. 나는 여행이 한 달도 안 남았다고요? 좀 더 빨리 끝내고 싶거나 하루 학습량이 부족한 분들은 4~5일치씩 모아서 끝내시는 것도 추천합니다. 그러나 벼락치기 공부보다는 매일 꾸준히 꼭꼭 씹어 소화시키는 공부를 추천합니다.

영어만 많다고 좋은 게 아닙니다.
"여행에서 꼭 필요한 30패턴만 담을게요!"

책장을 펼쳤는데 생각보다 영어가 적어서 실망하셨나요? 표현이 많고 두툼한 책은 살 때는 잠깐 뿌듯할 수 있습니다. 그러나 머리에 있어야, 입으로 나와야 진짜 내 실력이죠. 여러분이 여행할 때를 떠올려 보세요. 공항, 비행기, 호텔, 관광지, 식당 등의 장소를 가게 됩니다. 여행지에서 필요한 걸 요청하고, 궁금한 걸 물어보고, 도움을 부탁할 때 여러분이 듣고 말하게 되는 표현은 한정되어 있습니다. 그리고 언어에는 자주 쓰는 말의 규칙인 패턴pattern이 있습니다. 그래서 이 책에서는 여행지에서 마주치게 되는 다양한 상황에서 단골로 등장하는 30패턴만 담았습니다.

가져가면 짐만 될 것 같나요?
"한 손에 쏙 가이드북도 준비했어요."

처음엔 미리 공부하고 가는 책만 생각했어요. 여행영어책, 배낭에 넣을 땐 든든하겠지만 막상 들고 가봐야 펼쳐볼 일이 없거든요. 급할 땐 번역앱도 소용 없는 것처럼. 그래도 빈손으로 가는 건 뭔가 불안하지요. 하루 한 패턴씩 성실히 공부했건만 막상 실전에서 당황하면 갑자기 생각이 안 날 수도 있잖아요. 그래서 또 준비했습니다. 여러분에게 영어가 절실한 바로 그 순간 힘이 될 '실전편'을 짜잔~! 여행지에서 요긴한 정보와 표현들을 모아모아 여행 상황별로 찾아보기 쉽게 정리했죠. 이 부분만 쓰윽 분리되어서 한손에 쏘옥 들고 다닐 수 있으니 부담은 넣어두세요.

어떻게 마음의 준비는 되셨나요? 자, 그럼 이제 본격적으로 출발해 봅시다.

[적응훈련편] 구성 및 활용법_

✈ 어떤 상황에도 통하는 **여행영어 패턴**

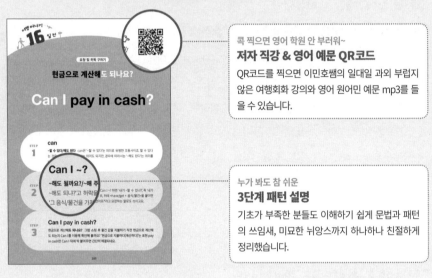

콕 찍으면 영어 학원 안 부러워~
저자 직강 & 영어 예문 QR코드
QR코드를 찍으면 이민호쌤의 일대일 과외 부럽지 않은 여행회화 강의와 영어 원어민 예문 mp3를 들을 수 있습니다.

누가 봐도 참 쉬운
3단계 패턴 설명
기초가 부족한 분들도 이해하기 쉽게 문법과 패턴의 쓰임새, 미묘한 뉘앙스까지 하나하나 친절하게 정리했습니다.

🎧 머릿속에 패턴이 쏙쏙~ **INPUT**

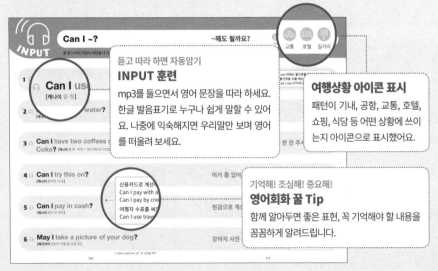

듣고 따라 하면 자동암기
INPUT 훈련
mp3를 들으면서 영어 문장을 따라 하세요. 한글 발음표기로 누구나 쉽게 말할 수 있어요. 나중에 익숙해지면 우리말만 보며 영어를 떠올려 보세요.

여행상황 아이콘 표시
패턴이 기내, 공항, 교통, 호텔, 쇼핑, 식당 등 어떤 상황에 쓰이는지 아이콘으로 표시했어요.

기억해! 조심해! 중요해!
영어회화 꿀 Tip
함께 알아두면 좋은 표현, 꼭 기억해야 할 내용을 꼼꼼하게 알려드립니다.

혼자 말해보며 자신감 쭉쭉~ OUTPUT

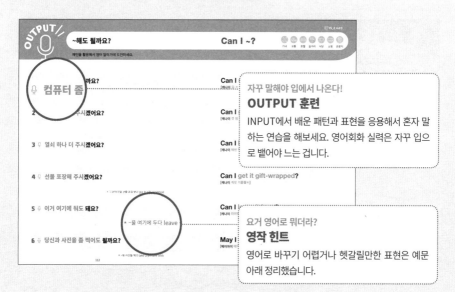

자꾸 말해야 입에서 나온다!

OUTPUT 훈련

INPUT에서 배운 패턴과 표현을 응용해서 혼자 말하는 연습을 해보세요. 영어회화 실력은 자꾸 입으로 뱉어야 느는 겁니다.

요거 영어로 뭐더라?

영작 힌트

영어로 바꾸기 어렵거나 헷갈릴만한 표현은 예문 아래 정리했습니다.

자신감이 붙었다면 대화 한번? 실전 활용하기

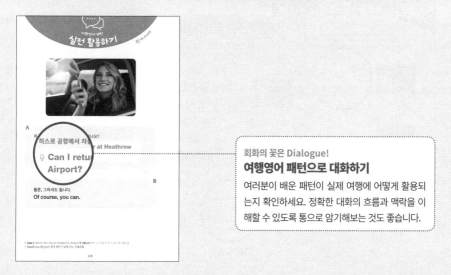

회화의 꽃은 Dialogue!

여행영어 패턴으로 대화하기

여러분이 배운 패턴이 실제 여행에 어떻게 활용되는지 확인하세요. 정확한 대화의 흐름과 맥락을 이해할 수 있도록 통으로 암기해보는 것도 좋습니다.

일단 공부한 건 안 놓쳐~ **2단계 망각방지장치**

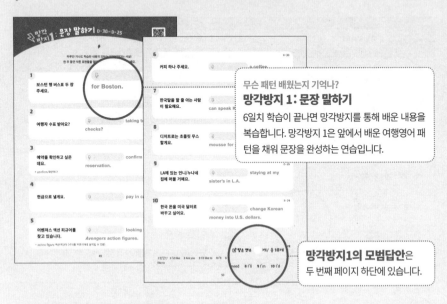

무슨 패턴 배웠는지 기억나?
망각방지 1: 문장 말하기
6일치 학습이 끝나면 망각방지를 통해 배운 내용을 복습합니다. 망각방지 1은 앞에서 배운 여행영어 패턴을 채워 문장을 완성하는 연습입니다.

망각방지1의 모범답안은
두 번째 페이지 하단에 있습니다.

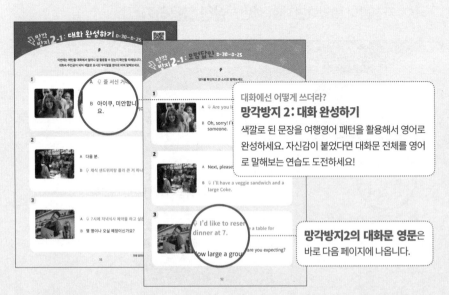

대화에선 어떻게 쓰더라?
망각방지 2: 대화 완성하기
색깔로 된 문장을 여행영어 패턴을 활용해서 영어로 완성하세요. 자신감이 붙었다면 대화문 전체를 영어로 말해보는 연습도 도전하세요!

망각방지2의 대화문 영문은
바로 다음 페이지에 나옵니다.

[적응훈련편] 차례 🔍

Contents

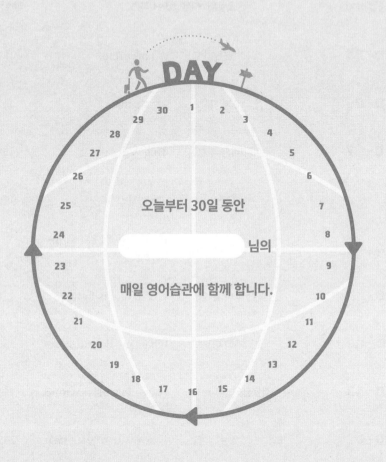

DAY

30 1
29 2
28 3
27 4
26 5
6
25 7
24 8
23 9
22 10
21 11
20 12
19 13
18 14
17 16 15

오늘부터 30일 동안

　　　　　　　　　님의

매일 영어습관에 함께 합니다.

콕 찍어서
예문 한번에 듣기!

●학습일 : 　월　　일

정중하게 요청하기 (1)

담요 주세요.

I'd like a blanket.

STEP 1

would like

원하다 낯선 곳에서 낯선 풍경, 문화, 사람을 마주하는 여행. 겸손한 표현으로 원만한 시간을 즐기세요. 그래서 준비했습니다. want(원하다)와 같은 의미지만 점잖고 공손한 would like를요.

STEP 2

I'd like

~ 주세요 / ~이 좋겠어요 / ~하고 싶어요 여행의 주인공은 바로 나! 주어를 I로 써서 I would like, 줄여서 I'd like라고 합니다. 원하는 것은 뒤에 명사로 말하면 되죠. 그럼 비행기에서 승무원에게 담요 좀 달라고 해볼까요?

STEP 3

I'd like a blanket.

담요 하나 **주세요.** I'd like 뒤에 a blanket만 붙이면 끝! 간단하죠? 기내에서 승무원에게 필요한 것을 요청할 때, 식당에서 음식을 주문할 때, 상점에서 물건을 살 때 등등, 얼마든지 마구마구 활용하세요!

13

I'd like

잘 듣고 따라 하면서 패턴을 내 것으로 만드세요!

1 🎧 **I'd like** a blanket.
[아읻 라잌 어 블랭킷]

* blanket 담요

2 🎧 **I'd like** some black tea.
[아읻 라잌 썸 블랙티이]

* black tea 홍차

3 🎧 **I'd like** some.
[아읻 라잌 썸]

4 🎧 **I'd like** a subway map.
[아읻 라잌 어 썹웨이 맵]

5 🎧 **I'd like** the yellow one.
[아읻 라잌 더 옐로우원]

6 🎧 **I'd like** three tickets for *Wicked*.
[아읻 라잌 뜨리 티킷ㅈ 포 위킫]

* Wicked 뮤지컬 제목

~ 주세요

담요 하나 주세요.

홍차로 할게요.

> '홍차 한 잔'이라고 하려면 I'd like 뒤에 a cup of black tea를, '와인 한 잔'이라고 하려면 a glass of wine을 붙이면 됩니다.

주세요.

> 기내 승무원 또는 호텔 직원이 무료 음료 등을 권할 때 달라는 대답으로 간단히 쓸 수 있는 표현입니다.

지하철 노선도 하나 주세요.

노란색으로 할게요.

'위키드' 표 3장 주세요.

~ 주세요

패턴을 활용해서 영어 말하기에 도전하세요.

1 🎤 커피 하나 **주세요.**

2 🎤 톨 사이즈 아이스 라떼 **주세요.**

★ 톨 사이즈 아이스 라떼 tall iced latte

3 🎤 **저도 같은 걸로 할게요.**

★ 같은 것 the same

4 🎤 보스턴 행 버스표 두 장 **주세요.**

7시 30분 버스로 주세요.
I'd like the bus at 7:30.

★ 보스턴 행 버스표 두 장 two bus tickets for Boston

5 🎤 **SUV 차량**이 좋겠습니다.

6 🎤 저 재킷으로 주세요.

I'd like

기내   교통   호텔   식당   쇼핑   관광지

I'd like a coffee.
[아일 라익 어 커퓌]

> 원칙적으로는 a cup of coffee(커피 한 잔), a glass/bottle of beer(맥주 한 잔/한 병)처럼 말해야 하지만, 커피와 맥주에 한해서는 그냥 I'd like a coffee/beer.와 같이 편하게 말하는 경우가 많아요.

I'd like a tall iced latte.
[아일 라익 어 톨 아이슫 라떼이]

I'd like the same.
[아일 라익 더 쎄임]

I'd like two bus tickets for Boston.
[아일 라익 투- 버스 티킷ㅈ 포 보스턴]

I'd like an SUV.
[아일 라익 언 에스유뷔이]

> SUV는 발음이 모음으로 시작되므로 a가 아니라 an을 씁니다.

I'd like that jacket.
[아일 라익 댓 재킷]

A

저기요, 와인 한 잔 주세요.

🎤 **Ma'am, I'd like a glass of wine.**

B

네, 고객님. 곧 갖다드리겠습니다.
Yes, sir. I'll be right back.

다른 거 더 필요한 건 없으시고요?
Is there anything else you need?

★ ma'am / sir 고객 입장에서 많이 듣게 되는 호칭이지만, 내가 용건이 있어 직원을 부를 때도 용건 앞이나 뒤에 붙여 쓰면 공손한 느낌을 줍니다. 우리말의 '저기요 / 선생님 / 고객님' 등에 모두 해당되는 표현입니다.
★ **I'd like** a glass of wine. [아일 라잌 어 글래씁 와인]
★ **I'll be right back.** 손님이 무언가를 갖다달라고 요청할 때 식당 종업원이나 기내 승무원이 '바로 준비해서 갖다드리겠다'는 의미로 자주 쓰는 말입니다.

콕 찍어서 👉
예문 한번에 듣기!

• 학습일 :   월   일

정중하게 요청하기 (2)

지도를 하나 받고 싶습니다.

I'd like to get a map.

STEP 1
would like to

~하고 싶다 want to의 공손 버전. 원하는 것을 말할 때 would like 뒤에 바로 명사를 넣는 것으로 충분히 표현이 되는 경우도 있지만, 좀 더 구체적인 설명이 필요하다면 <would like to + 동사원형>을 써보세요.

STEP 2
I'd like to

~하고 싶어요 주어를 I로 써서 I would like to, 줄여서 I'd like to라고 합니다. 바로 뒤에는 동사원형을 붙여주고요. to 뒤의 동사로 원하는 명사를 구체적으로 어떻게 해달라는 것인지를 분명히 명시해 주면 돼요.

STEP 3
I'd like to get a map.

지도를 하나 받고 싶습니다. 그럼 관광안내소나 호텔 프런트에 가서 I'd like to를 이용해 지도를 한 장 받아볼까요? '지도를 얻다'는 의미의 get a map만 뒤에 붙여주면 되죠. 참고로, '얻다, 사다' 모두 동사 get을 쓰면 돼요.

I'd like to

잘 듣고 따라 하면서 패턴을 내 것으로 만드세요!

1 🎧 **I'd like to** get a map.
[아인 라잌 트 게러맵]

2 🎧 **I'd like to** rent a motorcycle.
[아인 라잌 트 뤤터 모우러싸이클]

* motorcycle 오토바이

3 🎧 **I'd like to** book a room.
[아인 라잌 트 부꺼룸]

* book 예약하다

4 🎧 **I'd like to** change my flight time.
[아인 라잌 트 췌인쥐 마이 플라잍 타임]

5 🎧 **I'd like to** get a refund for it.
[아인 라잌 트 게러 뤼펀ㄷ 포릿]

* get a refund 환불받다

6 🎧 **I'd like to** change Korean money into U.S. dollars. [아인 라잌 트 체인쥐 커뤼언 머니 인트 유-에스 달럴ㅈ]

* change A into B A를 B로 바꾸다

20

~하고 싶어요

기내　교통　호텔　식당　쇼핑　관광지

지도를 하나 받고 **싶습니다.**

오토바이를 빌리고 **싶어요.**

방을 하나 예약하고 **싶은데요.**

비행기 시간을 바꾸고 **싶은데요.**

이거 환불받고 **싶어요.**

> 물건을 내밀면서 좀 더 간단히
> I'd like a refund.라고 해도 되죠.

한국 돈을 미국 달러로
바꾸고 **싶어요.**

> dollar라는 화폐 단위는 캐나다나 홍콩 등
> 여러 나라에서도 사용하니까, 미국 달러를
> 가리킬 때는 US dollar라고 하는 게 좋죠.

~하고 싶어요

패턴을 활용해서 영어 말하기에 도전하세요.

1 🎤 컴퓨터를 좀 쓰고 **싶은데요.**

2 🎤 한번 입어보고/신어보고/해보고 **싶어요.**

* ~을 한번 입어보다/신어보다/해보다 try on

3 🎤 여기서 뮤지컬을 보러 가고 **싶은데요.**

> 호텔 등에서 뮤지컬을 볼 만한 곳을 추천받고 싶을 때 사용해 보세요.

* ~을 보러 가다 go see

4 🎤 JFK 공항으로 가고 **싶어요.**

5 🎤 예약을 확인하고 **싶은데요.**

* 확인하다 confirm

6 🎤 오늘 저녁 6시에 세 사람 자리를 예약하고 **싶은데요.**

* (식당) 자리를 예약하다 reserve a table

I'd like to

기내 교통 호텔 식당 쇼핑 관광지

I'd like to use a computer.
[아읻 라잌 트 유-저 컴퓨럴]

I'd like to try it on.
[아읻 라잌 트 츄라이 읻 온-]

옷가게, 신발가게, 안경점 등에 가서 직접 한번 착용해보고 싶다고 정중히 요청할 때 쓸 수 있는 표현이에요.

I'd like to go see a musical here.
[아읻 라잌 트 고우 씨 어 뮤지컬 히얼]

I'd like to go to JFK airport.
[아읻 라잌 트 고우트(루) 줴이엘케이 에어폴ㅌ]

택시를 타고 I'd like to go to 뒤에 행선지를 말하면 됩니다.

I'd like to confirm my reservation.
[아읻 라잌 트 컨펄ㅁ 마이 뤠절베이션]

I'd like to reserve a table for three for today at 6 p.m. [아읻 라잌 트 뤼절버 테이블 포 뜨리 포 트데이 앳 씩스 피엠]

A

7시에 저녁식사 예약을 하고 싶은데요.

🎙 **I'd like to reserve a table for dinner at 7.**

B

몇 명이나 오실 예정이신가요?
How large a group are you expecting?

★ **I'd like to** reserve a table for dinner at 7. [아일 라잌 트 뤼절버 테이블 포 디너 앳 쎄븐]
★ reserve 여행을 할 때면 예약이 필수인 일들이 많죠. 방이나 식당, 각종 티켓 등을 '예약한다'고 할 때 필수적으로 쓰게 되는 말입니다. make a reservation이나 book도 같은 의미이고요.

24

● 학습일 :   월   일

계획된 일정 말하기

소호에 가려고요.

I'm going to SoHo.

STEP 1

I'm

나는 ~이다/하다/있다 '난 (무엇)이다', '난 (어떠)하다', '난 (어디에) 있다' 등등, 나에 대해 이야기할 때 쓰는 제일 기본적인 표현. I'm 뒤에는 여러 가지 형태의 단어가 올 수 있지만, 오늘은 -ing 형태가 오는 것만 집중 연습해 봅니다.

STEP 2

I'm -ing

~하는 겁니다/하려고요/할 겁니다 I'm -ing 하면 '~하는 중이다'는 뜻으로 많이 알고 있죠? 근데 가까운 미래에 내가 하려고 하는 일이나 계획을 말할 때도 자주 쓴다는 사실, 꼭 기억하세요!

STEP 3

I'm going to SoHo.

소호에 가려고요. 그럼 이제 I'm -ing를 이용해 택시기사에게 뉴욕 쇼핑의 메카 SoHo로 가려고 한다고 말해보죠. '소호에 가다'는 go to SoHo니까, go를 going으로만 바꿔 I'm 뒤에 붙이면 되겠네요. I'm going to SoHo. 이렇게요!

I'm -ing

잘 듣고 따라 하면서 패턴을 내 것으로 만드세요!

1 **I'm visiting my friend.**
[암 뷔지딩(링) 마이 프뤤드]

2 **I'm staying at my sister's in L.A.**
[암 스떼잉 앳 마이 씨스털ㅈ 인 엘에이]

3 **I'm renting a sedan.**
[암 뤤팅 어 시댄]

* sedan 중형차

4 **I'm going to SoHo.**
[암 고우잉 트 쏘우호우]

5 **I'm just looking around.**
[암 저슽 루킹 어롸운드]

* look around 둘러보다

6 **I'm looking for some gifts for my family and friends.** [암 루킹 포 썸 기플ㅊ 포 마이 풰밀리 앤 프뤤즈]

~할/하는 겁니다

기내 교통 호텔 길거리 식당 쇼핑 관광지

친구를 방문하는 겁니다.

> 자신의 상황에 맞게 friend 자리에 relatives(가족, 친척), business partner(사업 파트너) 등을 넣어 쓰면 되죠.

LA에 있는 언니/여동생네 집에 머물 거예요.

> 입국심사대에서 직원이 숙소를 물어볼 때 쓸 수 있는 표현이죠. at 뒤에는 자신이 묵는 숙소이름을 언급하면 됩니다.

세단을 빌리려고요.

소호에 가려고요.

그냥 둘러보는 거예요.

가족이랑 친구들한테 줄 선물을 좀 찾고 있습니다.

~할/하는 겁니다

패턴을 활용해서 영어 말하기에 도전하세요.

1 🎤 아직 생각 중**이에요.**

2 🎤 이틀 머무를 예정**입니다.**

3 🎤 내일 오전에 체크아웃 **하려고요.**

★ (호텔 등에서) 체크아웃하다 check out (↔ check in)

4 🎤 다음 버스를 기다립**니다.**

5 🎤 민스코프 극장을 찾고 **있는데요.**

★ 민스코프 극장 Minskoff Theatre (브로드웨이에 위치한 뮤지컬 극장으로, The Lion King 상연으로 유명)

6 🎤 어벤져스 액션 피규어를 찾고 **있습니다.**

★ 액션 피규어 (사지를 자유자재로 움직일 수 있음) action figure

28

I'm -ing

기내 　교통 　호텔 　길거리 　식당 　쇼핑 　관광지

I'm still thinking.
[암 스띨 띵킹]

식당 등에서 주문하겠냐고 물어보는데 아직 결정을 하지 못했을 때 써보세요.

I'm staying for two days.
[암 스떼잉 포 투- 데이ㅈ]

I'm checking out tomorrow morning.
[암 체킹 아웃 트마로우 모-닝]

I'm waiting for the next bus.
[암 웨이링 포 더 넥스ㅌ 버ㅅ]

I'm looking for the Minskoff Theatre.
[암 루킹 포 더 민스콮 띠어럴]

I'm looking for *Avengers* action figures.
[암 루킹 포 어벤절ㅅ 액션 퓌결ㅈ]

29

A

뭘 도와드릴까요, 손님?
Can I help you, ma'am?

B

아, 그냥 둘러보는 거예요, 고마워요.
Oh, I'm just looking around, thanks.

---

* look around '둘러본다'는 의미입니다. 상점에 들어서자마자 Can I just look around?(그냥 좀 둘러봐도 되나요?)라고 미리 선수를 쳐서 물어볼 수도 있을 텐데요. 그러면 Sure.라고 대답하면서, 귀찮게 물어보지 않고 그냥 내버려두죠.

● 학습일 : 월 일

의사 표현하기

그걸로 할게요.

I'll have it.

STEP 1

will

~할 것이다/~하겠다 will 하면 '~할 것이다, ~할 예정이다'라는 미래 조동사로만 알고 있나요? 그렇다면 지금부턴 한 가지 의미를 더 알아두세요. will은 '~하겠다'며 자신의 의지나 의사를 나타낼 때도 아주 많이 쓰인답니다.

STEP 2

I'll

~할게요 여행지에선 어디를 가든 나의 의사 표현이 기본. 특히 식당에서 주문을 할 때나 가게에서 물건을 살 때 '이걸로 하겠다, 저걸로 하겠다'는 식의 의사 표현을 해야 하죠. 이럴 때 주어를 I로 해서, I will ~, 줄여서 I'll ~로 말하면 돼요.

STEP 3

I'll have it.

그걸로 할게요. 그럼 말 나온 김에, 옷가게에 가서 맘에 드는 옷을 가리키며 '이걸로/그걸로 할게요.'라고 말해볼까요? 아주 간단합니다. I'll 뒤에 '그것을 가지다' have it만 붙여주면 돼요.

I'll

잘 듣고 따라 하면서 패턴을 내 것으로 만드세요!

1 🎧 **I'll have it.**
[알 해빗]

2 🎧 **I'll have this one.**
[알 햅 디ㅅ원]

3 🎧 **I'll have the steak.**
[알 햅 더 스떼익]

4 🎧 **I'll have a veggie sandwich and a large Coke.** [알 해버 붸지 새느위치 앤더(애너) 라아ㄹ쥐 콕]

* veggie vegetable(채소) 또는 vegetarian(채식주의자)의 약자

5 🎧 **I'll have a chocolate mousse for dessert.**
[알 해버 촤컬릿 무-ㅆ 포 디절ㅌ]

6 🎧 **I'll return the car at the airport.**
[알 뤼턴 더 카알 앳 디 에어폴ㅌ]

~할게요

그걸로 할게요. (주세요.)

식당에서 메뉴판을 가리키면서도 쓸 수 있고, 가게에서 물건을 가리키면서도 쓸 수 있는 만능 표현이에요.

이걸로 할게요.

빨간 걸로 할게요.
I'll have the red one.

스테이크로 하겠습니다.

채식 샌드위치랑 콜라 큰 거 하나 주세요.

디저트로는 초콜릿 무스 할게요.

공항에서 차를 반납하겠습니다.

~할게요

패턴을 활용해서 영어 말하기에 도전하세요.

1 🎤 맥주 하나 주**세요.**

2 🎤 톨 카푸치노로 할**게요.**

3 🎤 같은 걸로 할**게요.**

4 🎤 대기자 명단에 이름을 올릴**게요.**

* 대기자 명단에 이름을 올리다 put one's name on the waiting list

5 🎤 현금으로 낼**게요.**

* 현금으로 지불하다 pay in cash

6 🎤 이틀 더 머물**게요.**

* 이틀 밤 더 two more nights

I'll

기내   교통   호텔   식당   쇼핑

I'll have a beer.
[알 해버 비얼]

I'll have a tall cappuccino.
[알 해버 톨 카푸취노우]

I'll have the same.
[알 햅 더 쎄임]

I'll put my name on the waiting list. [알 풀 마이 네임 온 더 웨이링 리스트]

> 기다릴게요.
> I'll wait.

I'll pay in cash.
[알 페이 인 캐쉬]

I'll stay two more nights.
[알 스떼이 투- 모얼 나잇ㅊ]

> 숙소에 숙박을 연장하고
> 싶을 때 활용해 보세요.

35

A

다음 분.

Next, please.

B

채식 샌드위치랑 콜라 큰 거 하나 주세요.

🎤 **I'll have a veggie sandwich and a large Coke.**

---

* veggi vegetable(채소) 또는 vegetarian(채식주의자)의 약자입니다. 전 세계적으로 채식을 하는 사람들이 점점 늘어나고 있는 추세여서, 여행을 다니다 보면 veggi 메뉴를 갖추고 있는 식당들을 종종 찾아볼 수 있을 거예요.

●학습일 :   월   일

궁금한 것 확인하기

신용카드 돼요?

Are you taking credit cards?

STEP 1

you

당신, 당신들 you는 상대방을 가리키는 대명사이죠. 그렇다고 꼭 사람만 가리킬 때 쓰는 말은 아니랍니다. 말을 듣고 있는 사람이 소속된 가게나, 호텔, 단체 등 전체를 아울러 지칭할 때도 you라고 하죠.

STEP 2

Are you ~?

~세요? Are you ~?는 상대(측)에 대해 궁금한 게 있을 때 쓰는 제일 기본적인 표현입니다. 여행 중에는 모르거나 확실치 않은 게 있으면 항상 확인을 해야 할 텐데요, 그럴 때 아주 유용한 패턴이죠.

STEP 3

Are you taking credit cards?

신용카드 돼요? 여행지의 가게들 중에는 신용카드가 안 되는 곳도 있어요. 그러니 "신용카드 돼요?"라는 확인 질문 한 번 해줘야겠습니다. 이럴 때 바로 Are you ~? 패턴을 활용해 Are you taking credit cards?라고 물어보세요!

Are you ~?

잘 듣고 따라 하면서 패턴을 내 것으로 만드세요!

1 🎧 **Are you taking credit cards?**
[아유 테이킹 크레딧 카알ㅈ]

2 🎧 **Are you selling Metro Cards here?**
[아유 쎌링 메트로우 카알ㅈ 히얼]

3 🎧 **Are you waiting for the number 27 bus?**
[아유 웨이링 포 더 넘버 트웨니쎄븐 버ㅅ]

4 🎧 **Are you using it?**
[아유 유징 잇]

5 🎧 **Are you finished?**
[아유 퓌니쉬ㅌ]

6 🎧 **Are you going to Double Tree by Hilton in Fort Lee?** [아유 고우잉 트 더블트리 바이 힐튼 인 폴ㅌ 리]

~세요?

신용카드 받아**요?**

메트로 카드 여기서 파나**요?**

> 미국이나 프랑스 등에서는 지하철을 Metro라고 합니다.

27번 버스 기다리**시나요?**

그거 쓰는 중**이세요?**

다 하셨**어요?**

포트리에 있는 더블트리 바이 힐튼에 가는 **거죠?**

> 택시 기사에게 분명 목적지를 말하긴 했는데, 한 번 더 확인하고 싶을 때 <Are you going to + 목적지?>로 물어보세요.

~세요?

패턴을 활용해서 영어 말하기에 도전하세요.

1 🎤 여행자 수표 받아**요?**

> 작은 상점 등에서는 traveler's check (여행자 수표)을 받지 않는 경우도 있으므로 미리 물어보는 게 좋죠.

2 🎤 지금 세일 중**인가요?**

* 세일 중이다 be offering a sale

3 🎤 문 닫으시는 **건가요?**

4 🎤 (좌석이) 12 A **맞으세요?**

5 🎤 줄 서신 **거예요?**

* 줄 서 있는 in line

6 🎤 클로이스터스 뮤지엄으로 가는 버스 기다리**시나요?**

* ~로 가는 버스 the bus to + 장소 | 클로이스터스 뮤지엄 the Cloisters (뉴욕 맨해튼에 있는 유명한 박물관)

Are you ~?

Are you taking traveler's checks?
[아유 테이킹 츄뤠블러ㅅ 쳌ㅅ]

Are you offering a sale right now?
[아유 오-풔링 어 쎄일 롸잇나우]

Are you closing now?
[아유 클로징 나우]

Are you 12 A?
[아유 트웰ㅂ 에이]

Are you in line?
[아유 인 라인]

Are you waiting for the bus to the Cloisters? [아유 웨이링 포 더 버ㅅ 트 더 클로이스털ㅈ]

A

줄 서신 거예요?

🎤 **Are you in line?**

B

아이쿠, 미안합니다. 누굴 좀 기다리고 있어요.
Oh, sorry! I'm just waiting for someone.

콕 찍어서 👉
예문 한번에 듣기!

• 학습일 :　　월　　일

필요한 것 요청하기 (1)

수건 몇 장 더 주세요, 필요해요.

I need some more towels, please.

STEP 1

need

필요로 하다 필요한 게 있어서 요청할 때 꼭 필요한 동사입니다. would like가 공손하고 점잖은 어감이라면 need는 조금 다급하거나 절박한 어감이죠. 그래서 말이 약간 강하게 들릴 수 있어요.

STEP 2

I need

~이 필요해요 여행의 주인공인 나, I를 주어로 해서 I need라고 말해봅시다. 필요한 것은 뒤에 명사로 말하면 되죠. 그럼 호텔 직원에게 수건이 몇 장 더 필요하다고 갖다 달라고 요청해 볼까요?

STEP 3

I need some more towels, please.

수건 몇 장 더 주세요, **필요해요**. '수건'은 towel, 이 앞에 some more를 붙이면 '몇 장 더'! 따라서 I need 뒤에 some more towels만 붙이면 간단히 해결되네요. 물론 마지막에 please라고 한 마디 더 붙이면 어감이 훨씬 부드러워집니다.

43

I need

잘 듣고 따라 하면서 패턴을 내 것으로 만드세요!

1 **I need** a ride to the airport.
[아이 닏 어 롸읻 트 디 에어폴트]

2 **I need** some tissues, please.
[아이 닏 썸 티슈ㅈ 플리이ㅈ]

3 **I need** some help here!
[아이 닏 썸 헬ㅍ 히얼]

4 **I need** some medicine for a headache.
[아이 닏 썸 메드쓴 포러 헤드에일]

* headache 두통

5 **I need** some information about the city.
[아이 닏 썸 인풜메이션 어바웃 더 씨디(리)]

6 **I need** a guide who speaks Korean.
[아이 닏 어 가이ㄷ 후 스픽ㅅ 커뤼언]

~이 필요해요

기내   교통   호텔   길거리   식당   쇼핑   관광지

공항에 갈 차편**이 필요해요.**

휴지 좀 주세요, **필요해요.**

> 뭔가가 필요하다고 말할 때는 하나만 딱 필요한 경우가 아니고선 일반적으로 앞에 some을 붙여 말해요.

여기 좀 도와**주세요!**

> some 뒤에 오는 가산명사는 -s를 붙여 복수형으로 쓰지만, 불가산명사는 이렇게 원래 형태 그대로 써요.

두통약**이 좀 필요합니다.**

> drugstore(다양한 물품을 파는 곳으로 가게 안에 pharmacy가 포함된 형태)나 pharmacy(약국)에서 쓸 수 있는 표현이에요.

이 도시에 관한 정보**가 필요해요.**

한국어 하는 가이드**가 필요해요.**

~이 필요해요

패턴을 활용해서 영어 말하기에 도전하세요.

1 🎤 **택시가 필요해요.**

* 택시 cab (= taxi)

2 🎤 **호텔로 돌아갈 차편이 필요해요.**

* ~로 돌아갈 차편 a ride back to + 목적지

3 🎤 **수건 몇 장 더 주세요, 필요해요.**

4 🎤 **반창고가 필요합니다.**

* 반창고 bandage

5 🎤 **시간이 더 필요해요.**

6 🎤 **한국말을 할 줄 아는 사람이 필요해요.**

* 한국말을 할 줄 아는 사람 someone who can speak Korean

I need

기내　교통　호텔　길거리　식당　쇼핑　관광지

I need a cab.
[아이 닏 어 캡]

> 공항 갈 택시가 필요해요.
> I need a cab to the airport.
> 시내로 갈 택시가 필요해요.
> I need a cab to go downtown.

I need a ride back to my hotel.
[아이 닏 어 롸읻 백 트 마이 호우텔]

I need some more towels, please.
[아이 닏 썸 모어 타월ㅈ 플리이ㅈ]

> = Can I get some more towels?
> = Can you get me some more towels?

I need some bandages.
[아이 닏 썸 밴디쥐ㅈ]

I need more time.
[아이 닏 모얼 타임]

I need someone who can speak Korean.
[아이 닏 썸원 후 캔 스픽 커뤼언]

47

A

손님, 도와드릴까요?

Can I help you, sir?

B

시내로 갈 택시가 필요해요.

🎤 **I need a cab to go downtown.**

★ Can I help you, sir/ma'am? 상점, 호텔 등 서비스 직종에 있는 직원에게서 흔히 들을 수 있는 말입니다. '손님, 도와 드릴까요?' 내지는 '손님, 뭘 도와드릴까요?'라는 의미이죠. 상점에서 찾는 물건이 있다면 I'm looking for ~ 또는 I need ~ 뒤에 찾는 물건을 말해주면 훌륭한 대답이 됩니다.

★ **I need** a cab to go downtown. [아이 닏 어 캡 트 고우 다운타운]

⚡

06_4R.mp3

하루만 지나도 학습한 내용의 50%는 잊어버린다는 사실!
한 주 동안 익힌 표현들을 얼마나 말할 수 있는지 확인해 보세요.

1   D-30

보스턴 행 버스표 두 장
주세요.

🎤 _____ two bus tickets for Boston.

2   D-27

여행자 수표 받아요?

🎤 _____ taking traveler's checks?

3   D-29

예약을 확인하고 싶은
데요.

🎤 _____ confirm my reservation.

* confirm 확인하다

4   D-26

현금으로 낼게요.

🎤 _____ pay in cash.

5   D-28

어벤져스 액션 피규어를
찾고 있습니다.

🎤 _____ looking for _Avengers_ action figures.

* action figure 액션 피규어 (사지를 자유자재로 움직일 수 있음)

6

커피 하나 주세요.

🎤   a coffee.

7

한국말을 할 줄 아는 사람이 필요해요.

🎤   someone who can speak Korean.

8

디저트로는 초콜릿 무스 할게요.

🎤   have a chocolate mousse for dessert.

9

LA에 있는 언니/누나네 집에 머물 거예요.

🎤   staying at my sister's in L.A.

10

한국 돈을 미국 달러로 바꾸고 싶어요.

🎤   change Korean money into U.S. dollars.

맞은 갯수 ⬭ 개/ 총 10개

모범답안   **1** I'd like   **2** Are you   **3** I'd like to   **4** I'll   **5** I'm   **6** I'd like   **7** I need   **8** I'll   **9** I'm   **10** I'd like to

🎵 06_SR.mp3

이번에는 패턴을 대화에서 얼마나 잘 활용할 수 있는지 확인할 차례입니다.
대화속 주인공이 되어 색깔로 표시된 우리말을 영어로 바꿔 말해보세요.

1

D-26

A 🎤 줄 서신 거예요?

B 아이쿠, 미안합니다. 누굴 좀 기다리고 있어요.

2

D-27

A 다음 분.

B 🎤 채식 샌드위치랑 콜라 큰 거 하나 주세요.

3

D-29

A 🎤 7시에 저녁식사 예약을 하고 싶은데요.

B 몇 명이나 오실 예정이신가요?

모범 답안은 바로 뒷장에 있어요. 👉

⚡

영어를 확인하고 큰 소리로 말해보세요.

1

A 🎤 Are you in line?

B Oh, sorry! I'm just waiting for someone.

* in line 줄 서 있는

2

A Next, please.

B 🎤 I'll have a veggie sandwich and a large Coke.

3

A 🎤 I'd like to reserve a table for dinner at 7.

B How large a group are you expecting?

52

⚡

4

A 저기요, 🎤 와인 한 잔 주세요.

B 네, 고객님. 곧 갖다드리겠습니다. 다른 거 더 필요한 건 없으시고요?

5

A 손님, 도와드릴까요?

B 🎤 시내로 갈 택시가 필요해요.

6

A 뭘 도와드릴까요, 손님?

B 아, 🎤 그냥 둘러보는 거예요, 고마워요.

모범 답안은 바로 뒷장에 있어요. 👉

영어를 확인하고 큰 소리로 말해보세요.

4

A Ma'am, 🎤 I'd like a glass of wine.

B Yes, sir. I'll be right back. Is there anything else you need?

5

A Can I help you, sir?

B 🎤 I need a cab to go downtown.

6

A Can I help you, ma'am?

B Oh, 🎤 I'm just looking around, thanks.

꼭 찍어서 👉 예문 한번에 듣기!

● 학습일 : 　월　　 일

필요한 것 요청하기 (2)

아침에 일찍 일어나**야 해요**.

I need to get up early in the morning.

STEP 1

need to

~할 필요가 있다/해야 하다 필요한 것을 요청할 땐 need 뒤에 바로 명사를 말하면 되는데요. 뭔가를 '해야 할' 필요가 있을 때는 구체적인 동작을 언급해야겠죠? 그럴 때 사용하라고 있는 표현이 <need to + 동사원형>이에요.

STEP 2

I need to

~해야 해요 여행의 순간순간 다급하게 혹은 절실하게 해야 할 필요가 생기는 일들이 있어요. 그럴 때 I need to ~를 쓰세요. 서비스를 베푸는 직원에게 I need to ~라고 하는 말은 '~해야 할 필요가 있으니 도움을 좀 달라'는 의미입니다.

STEP 3

I need to get up early in the morning.

아침에 일찍 일어나**야 해요**. 그럼 I need to ~로 호텔 프런트에 모닝콜을 요청해 볼까요? "제가 아침에 일찍 일어나야 하는데요." '일찍 일어나다'는 get up early, '아침에'는 in the morning, 즉 I need to get up early in the morning.이라고 하면 되죠.

I need to

잘 듣고 따라 하면서 패턴을 내 것으로 만드세요!

1 🎧 **I need to** get up early in the morning.
[아이 닡트 게럽 얼뤼 인 더 모-닝]

* get up early 일찍 일어나다

2 🎧 **I need to** break this bill.
[아이 닡트 브렉 디ㅅ 비일]

* break (지폐를) 잔돈으로 바꾸다

3 🎧 **I need to** buy some gifts for my friends.
[아이 닡트 바이 썸 깊ㅊ 포 마이 프뤤즈]

4 🎧 **I need to** use the restroom.
[아이 닡트 유-ㅈ 더 뤠슬룸]

5 🎧 **I need to** catch my flight within 40 minutes. [아이 닡트 캐취 마이 플라잇 위딘 포리 미닡ㅊ]

* catch (교통편을) 놓치지 않고 타다

6 🎧 **We need to** get there by 7:00 PM.
[아이 닡트 겟데얼 바이 쎄븐 피엠]

* get there 거기에 도착하다

56

~해야 해요

아침에 일찍 일어나야 **해요.**

(이 지폐) 잔돈으로 바꿔야 **해요.**

친구들 선물을 좀 사야 **해요.**

화장실을 좀 써야**겠는데요.**

> 카페나 식당, 공공장소 등에서 화장실이 다급한데 위치를 모를 때 이 표현을 활용하세요.

40분 안에 비행기를 타야 **해요.**

저희 7시까지는 거기 가야 **해요.**

> 상황에 따라 일행 모두를 포함해 말하고 싶으면 주어를 We로 쓰면 됩니다.

~해야 해요

패턴을 활용해서 영어 말하기에 도전하세요.

1 🎙 와이파이를 써야 **해요.**

2 🎙 서류를 좀 프린트해야 **해요.**

* 프린트하다 print out

3 🎙 동료들 기념품 좀 사야 **해요.**

* 기념품 souvenir | 동료 colleague

4 🎙 버스 정액 승차권을 사야 **해요.**

* 버스 정액 승차권 bus pass

5 🎙 20분 내로 환승을 해야 **해요.**

* 환승하다 transfer

6 🎙 저희 7시 30분까지는 마제스틱 극장에 가야 **해요.**

* 마제스틱 극장 Majestic Theatre | ~에 가다, 도착하다 get to + 장소

I need to

기내   교통   호텔   길거리   식당   쇼핑   관광지

I need to use the WiFi.
[아이 닡트 유-ㅈ 더 와이파이]

I need to print out some documents.
[아이 닡트 프린ㅌ 아웃 썸 다큐먼ㅊ]

I need to buy some souvenirs for my colleagues. [아이 닡트 바이 썸 쑤브니얼ㅈ 포 마이 칼릭ㅅ]

I need to buy a bus pass.
[아이 닡트 바이 어 버ㅅ 패ㅅ]

I need to transfer within 20 minutes.
[아이 닡트 트랜스�풜 위딘 트웨니 미닡ㅊ]

We need to get to the Majestic Theatre by 7:30 PM. [위 닡트 겟 트 더 머제스틱 띠어털(럴) 바이 쎄븐 떠리 피엠]

A

기사 아저씨, 저 40분 안에 비행기를 타야 하는데요.

🎤 **Sir, I need to catch my flight within 40 minutes.**

B

걱정 마세요. 시간 충분합니다.
Don't worry. We have enough time.

콕 찍어서
예문 한번에 듣기!!

● 학습일 :　　월　　일

도움 청하기

디즈니 스토어를 찾으려고 하는데요.

I'm trying to find a Disney store.

STEP 1

try to

~하려고 하다 try to는 뭔가를 하려고 '시도한다'는 의미입니다. 눈치 챘겠지만 to 뒤에는 동사원형을 말해야 하죠. 오늘은 이 try to를 현재진행형(be trying to)으로 써서 누군가에게 도움을 청하는 방법을 알아봐요.

STEP 2

I'm trying to

~하려고 하는데요 낯선 거리에서 특정 장소를 찾으려고 하는데, 도무지 찾을 수가 없다, 숙소에서 커피머신을 좀 이용해 보려고 하는데 도무지 쓰는 법을 모르겠다할 때는 I'm trying to ~를 써서 상황을 설명하면 도움을 받을 수 있습니다.

STEP 3

I'm trying to find a Disney store.

디즈니 스토어를 찾으려고 하는데요. 디즈니 스토어를 찾으려고 하는데 지금 30분 째 근처를 뱅뱅 돌고 있어요. 행인에게 상황을 설명하고 도움을 청해 볼까요? I'm trying to 뒤에 '디즈니 스토어를 찾다 find a Disney store'만 붙여주면 되죠.

61

I'm trying to

잘 듣고 따라 하면서 패턴을 내 것으로 만드세요!

1 **I'm trying to** find a Disney Store.
[암 츄라잉 트 퐈인더 디즈니 스또얼]

2 **I'm trying to** find a good place to have dinner. [암 츄라잉 트 퐈인더 굳 플레이ㅅ 트 햅 디너]

* have dinner 저녁식사를 하다

3 **I'm trying to** find a T-shirt with the New York logo on it. [암 츄라잉 트 퐈인더 티-셜트 윋 더 뉴-욜ㅋ 로우고우 어닛]

4 **I'm trying to** turn the AC off.
[암 츄라잉 트 턴 디 에이씨- 옾]

* AC 에어콘 (air conditioner의 약자) | turn off (기계 등의 전원을) 끄다 (↔ turn on)

5 **I'm trying to** figure out where Ace Hotel is. [암 츄라잉 트 퓌결 아웃 웨얼 에이스 호우텔 이ㅈ]

* figure out 알아내다

6 **I'm trying to** use this, but I don't know how. [암 츄라잉 트 유-ㅈ 디ㅅ 벝 아이 도운 노우 하우]

62

~하려고 하는데요

기내   교통   호텔   길거리   쇼핑   관광지

디즈니 스토어를 찾으려고 **하는데요.**

저녁 먹을 만한 곳으로 괜찮은 데를 찾고 **있는데요.**

뉴욕 로고가 있는 티셔츠를 찾고 **있는데요.**

에어컨을 끄려고 **하는데요.**

에이스 호텔이 어디 있는지 알았으면 **하는데요.**

이걸 사용하려고 **하는데**, 어떻게 하는지 모르겠어요.

~하려고 하는데요

패턴을 활용해서 영어 말하기에 도전하세요.

1 🎤 **입구를 찾으려고 하는데요.**

> * 입구 entrance (출구 way out)

2 🎤 **방 온도를 조절하려고 하는데요.**

> * 방 온도, 실내온도 room temperature

3 🎤 **승차권 판매기를 사용하려고 하는데요.**

> * 승차권 판매기 ticket machine

4 🎤 **이 근처에 괜찮은 식당을 찾고 있는데요.**

> * 이 근처에 around here

5 🎤 **(기내에서) 짐칸을 닫으려고 하는데요, 잘 안 되네요.**

> * 닫다 close | (비행기 좌석 머리 위에 있는) 짐칸 overhead compartment

6 🎤 **안내데스크를 찾고 있는데요, 못 찾겠네요.**

> * 안내데스크 information desk

I'm trying to

기내 교통 호텔 길거리 쇼핑 관광지

I'm trying to find the entrance.
[암 츄라잉 트 퐈인 디 엔트런스]

I'm trying to change the room temperature. [암 츄라잉 트 췌인쥐 더 룸 템퍼뤄철]

I'm trying to use the ticket machine.
[암 츄라잉 트 유-ㅈ 더 티킷 머신]

I'm trying to find a good restaurant around here. [암 츄라잉 트 퐈인더 굳 뤠스터런ㅌ 어롸운ㄷ 히얼]

I'm trying to close the overhead compartment, but it doesn't work.
[암 츄라잉 트 클로우ㅈ 디 오우벌헤ㄷ 컴파알ㅌ먼ㅌ 벝 잇 더즌 워얼ㅋ]

I'm trying to find the information desk, but I can't. [암 츄라잉 트 퐈인 디 인풜메이션 데슼 벝 아이 캔ㅌ]

65

A

짐칸을 닫으려고 하는데요, 잘 안 되네요.

🎤 **I'm trying to close the overhead compartment, but it doesn't work.**

B

아, 제가 해드릴게요.
Oh, let me do it.

* overhead compartment (비행기 좌석 머리 위에 있는) 짐칸 | work 작동되다

콕 찍어서
예문 한번에 듣기!

• 학습일 :   월   일

확인 차 물어보기

이쪽이 **출구**인가요?

Is this **way out**?

STEP 1

this/it

이것/그것 눈앞에 있는 것을 가리키거나 짚으면서 얘기할 때 쓸 수 있는 대명사가 바로 this와 it이죠. 참고로, 말하는 사람 입장에서 멀찍이 떨어져 있는 것을 가리키며 말할 때는 that을 쓰면 됩니다.

STEP 2

Is this/it ~?

이게 ~인가요? 이 버스가 시카고로 가는 게 맞는지, 여기가 타임스퀘어가 맞는지, 이 옷이 남자용이 맞는지 등등, 뭔가 긴가민가해서 확인 차 물어보고 싶을 때 간편하게 쓸 수 있는 패턴이에요.

STEP 3

Is this way out?

이쪽이 출구인가요? 낯선 지역의 지하철역에서 출구(way out)를 찾아가고 있습니다. 바로 찾아가고 있는 것 같긴 한데 그래도 좀 불안하단 말이죠. 이럴 때 Is this 뒤에 way out만 딱 붙여 물어보면 만사형통!

Is this/it ~?

잘 듣고 따라 하면서 패턴을 내 것으로 만드세요!

1 🎧 **Is this way out?**
[이ㅈ 디ㅅ 웨이 아웃]

* way out 출구

2 🎧 **Is this the way to the subway station?**
[이ㅈ 디ㅅ 더 웨이 트 더 썹웨이 스떼이션]

3 🎧 **Is this Times Square?**
[이ㅈ 디ㅅ 타임스퀘얼]

4 🎧 **Is this line for waiting?**
[이ㅈ 디ㅅ 라인 포 웨이팅(링)]

여기서 this는 지시형용사로 쓰였어요.

5 🎧 **Is this line for foreign passport holders?**
[이ㅈ 디ㅅ 라인 포 포륀 패스폴트 호울덜ㅈ]

* foreign passport 외국 여권

6 🎧 **Is it a complimentary drink?**
[이짓 어 캄플러멘터뤼 드링ㅋ]

* complimentary 무료로 제공하는

이게 ~인가요?

기내　교통　호텔　길거리　식당　쇼핑　관광지

이쪽이 출구인가요?

> Is this the way to the exit?(이쪽이 출구로 가는 길인가요?)이라고 해도 같은 의미입니다.

이쪽이 지하철역으로 가는 길인가요?

여기가 타임스퀘어인가요?

기다리는 줄인가요?

> this를 지시대명사로 써서 Is this the line to wait?라고 해도 같은 말이죠.

외국 여권 소지자 줄인가요?

무료로 제공하는 술인가요?

> 무료로 제공하는 물인가요?
> Is it complimentary water?
> (water는 불가산명사)

이게 ~인가요?

패턴을 활용해서 영어 말하기에 도전하세요.

1 🎤 **이거, 시카고행인가요?**

* (교통편) ~행 for ~

2 🎤 **이거 금문교로 가나요?**

* 금문교 the Golden Gate Bridge

3 🎤 **표 끊는 줄인가요?**

4 🎤 **이거 세일 중이에요?**

* 세일 중인 on sale

5 🎤 **(술집에서) 해피아워인가요?**

6 🎤 **남성용인가요?**

* 남성용인 for men

70

Is this/it ~?

기내   교통   호텔   길거리   식당   쇼핑   관광지

Is this for Chicago?
[이ㅈ 디ㅅ 포 시카-고우]

> 1, 2번은 모두 버스나 기차 등의 행선지를 물 을 때 쓰면 돼요.

Is this going to the Golden Gate Bridge?
[이ㅈ 디ㅅ 고우잉 트 더 고울든 게잍 브릿지]

Is this line for tickets?
[이ㅈ 디ㅅ 라인 포 티킷ㅊ]

Is this on sale?
[이ㅈ 디ㅅ 온 세이얼]

Is it happy hour?
[이짓 해피 아월]

> 술집이나 식당 등에서 손님이 뜸한 시간대에 술 및 식사를 싸게 파는 시 간을 happy hour라고 하죠.

Is it for men?
[이짓 포 멘]

> men 자리에는 상황에 따라 women(여성), boys(남 자아이), girls(여자아이)를 넣어서 쓰세요. 단, 남녀공 용이냐고 물을 때는 Is it unisex?

A

이거 남자아이용인 거 같은데. 아니 **여자아이용인가요?**

🎤 **This looks like it's for boys. Or is it for girls?**

B

아, 남녀공용입니다.
Oh, it's unisex.

★ This looks like ~ 이거 ~인 것 같은데요, ~처럼 보이는데요
★ **Is it for girls?** [이짓 포 거얼ㅈ]

72

콕 찍어서 ☞
예문 한번에 듣기!!

●학습일 : 월 일

원하는 물건이 있는지 묻기

밀크티 있나요?

Do you have milk tea?

STEP 1

Do you ~?

~해? Are you ~?와 함께 상대(측)에 대해 궁금한 게 있을 때 쓰는 대표 표현. Are you 뒤에는 동사원형은 못 오기 때문에 Are you로 물을 수 없는 다른 많은 의문을 <Do you + 동사원형 ~?>으로 해결합니다.

STEP 2

Do you have ~?

~ 있어요? 특히 Do you 뒤에 have(가지고 있다)를 넣어 <Do you have + 원하는 것?> 형태로 말하면 '~ 있어요?'라는 질문이 되죠. 식당, 바, 호텔, 상점 등에서 원하는 걸 찾을 때 유용한 패턴이에요.

STEP 3

Do you have milk tea?

밀크티 있나요? 그럼 카페에서 밀크티 있냐고 한번 물어볼까요? '밀크티'는 영어로 도 milk tea니까, Do you have 뒤에 milk tea만 붙여주면 되네요. 상황에 맞게 Do you have 뒤에 여러 명사를 넣어 마구마구 활용하세요!

Do you have ~?

잘 듣고 따라 하면서 패턴을 내 것으로 만드세요!

1 🎧 **Do you have milk tea?**
[두 유 햅 밀ㅋ 티]

2 🎧 **Do you have a new model?**
[두 유 햅 어 뉴- 마들(를)]

3 🎧 **Do you have it in different colors?**
[두 유 햅 잇 인 디프런트 컬럴즈]

4 🎧 **Do you have anything for indigestion?**
[두 유 햅 애니띵 포 인디줴스췬]

* indigestion 소화

5 🎧 **Do you have an airport bus?**
[두 유 햅 언 에어폴트 버스]

6 🎧 **Do you have an iron that I can use?**
[두 유 햅 언 아이어른 댓 아이 캔 유-즈]

* iron 다리미

~ 있나요?

기내   교통   호텔   식당   쇼핑   관광지

밀크티 **있나요?**

최신 모델 **있나요?**

이거 다른 색깔로 **있나요?**

소화제 같은 거 **있어요?**

'소화제 같은 거'는 anything for indigestion 정도로 표현하면 됩니다.

공항버스 **있나요?**

사용할 수 있는 다리미**가 있나요?**

~ 있나요?

패턴을 활용해서 영어 말하기에 도전하세요.

1 🎙 **자몽 주스 있나요?**

★ 자몽 grapefruit

2 🎙 **수면안대 있나요?**

★ 수면안대 sleep mask

3 🎙 **(신발가게에서) 이거 분홍색으로 있나요?**

4 🎙 **더 큰 거 있을까요?**

★ 더 큰 거 bigger one

5 🎙 **이것들로 5개 있나요?**

★ 이것들로 5개 five of these

6 🎙 **이 호텔에 세탁실이 있나요?**

★ 세탁실 laundry room

Do you have ~?

기내   교통   호텔   식당   쇼핑   관광지

Do you have grapefruit juice?
[두 유 햅 그레잎푸룾 쥬-ㅅ]

Do you have sleep masks?
[두 유 햅 슬맆 매슥ㅅ]

Do you have these in pink?

[두 유 햅 디이ㅈ 인 핑ㅋ]

> 신발처럼 한 쌍이 한 세트인 물건을 가리킬 때나 복수의 물건을 가리킬 때는 this가 아니라 these를 쓰세요.

Do you have a bigger one?

[두 유 햅 어 비걸원]

> 더 작은 걸 찾을 땐 bigger 대신 smaller!

Do you have five of these?
[두 유 햅 퐈이법 디이ㅈ]

Do you have a laundry room in this hotel?
[두 유 햅 어 론드리 룸 인 디ㅅ 호우텔]

A

신어보셔도 돼요, 손님.

You can try them on, ma'am.

B

이게 정말 맘에 드는데요, 보라색으로 있나요?

🎤 I really like them, but do you have these in purple?

★ You can try them on. 신발가게에서 점원이 한번 신어보라고 권할 때 곧잘 쓰는 말입니다. 신발은 두 짝이 한 켤레이
니까 them으로 받은 거죠. 옷가게에서 그 옷 한번 입어보라고 권할 때는 them을 it으로만 바꿔 You can try it on.이라고
말합니다.

★ Do you have these in purple? [두 유 햅 디이ㅈ 인 퍼얼쁠]

콕 찍어서
예문 한번에 듣기!!

• 학습일 : 월 일

길 찾기

저기요, **화장실**이 어디예요?

Excuse me, where's the restroom?

STEP 1

Excuse me

실례합니다 / 저기요 여행을 가면 길을 물어볼 일이 꼭 생길 텐데요. 우리도 초면에 말을 걸 때는 '실례합니다', '저기요' 같은 말로 먼저 운을 떼고 예의를 차리잖아요. 바로 여기에 해당되는 영어 표현이 Excuse me입니다.

STEP 2

Excuse me, where's ~?

저기요, ~가 어디예요? Where is ~? 줄여서 Where's ~?(~는 어디에 있어요?)는 길이나 위치를 물을 때 쓰는 가장 기본적인 표현이죠. 어떤 곳의 위치가 궁금할 땐 Excuse me라고 한 다음, where's 뒤에 찾는 장소를 바로 언급하면 돼요.

STEP 3

Excuse me, where's the restroom?

저기요, 화장실이 어디예요? 그럼 카페나 쇼핑몰 등에서 화장실이 급할 때 위치를 한 번 물어볼까요? Excuse me, where's라고 한 다음, the restroom만 붙이면 돼요. 건물 내에 지정된 화장실이니까 the restroom이라고 한 거죠.

Excuse me, where's ~?

잘 듣고 따라 하면서 패턴을 내 것으로 만드세요!

1 **Excuse me, where's the restroom?**
[익쓰큐즈 미 웨얼ㅈ 더 뤠슽룸]

2 **Excuse me, where's the subway station?**
[익쓰큐즈 미 웨얼ㅈ 더 썹웨이 스떼이션]

3 **Excuse me, where's the information center?** [익쓰큐즈 미 웨얼ㅈ 디 인풜메이션 쎈털]

4 **Excuse me, where's the way out?**
[익쓰큐즈 미 웨얼ㅈ 더 웨이 아웃]

* way out 출구

5 **Excuse me, where's exit number 4?**
[익쓰큐즈 미 웨얼ㅈ 엑짙(씰) 넘벌 포얼]

6 **Excuse me, where am I?**
[익쓰큐즈 미 웨얼 앰 아이]

저기요, ~가 어디예요?

기내　교통　호텔　길거리　식당　쇼핑　관광지

저기요, 화장실이 어디예요?

저기요, 지하철역이 어디예요?

저기요, 안내소는 어디예요?

저기요, 출구가 어디예요?

저기요, 4번 출구가 어디예요?

> 지하철역에서 특정 출구를 찾을 때 간단히 쓸 수 있는 표현이에요.

저기요, 여기가 어디죠?
(지금 내가 어디 있는 거죠?)

> 우리말로 '지금 여기가 어디?'라고 해서 Where is here?라고 하면 안 된다는 점, 주의하세요!

저기요, ~가 어디예요?

패턴을 활용해서 영어 말하기에 도전하세요.

1 🎙 **저기요, 택시 승차장이 어디예요?**

★ 택시 승차장 taxi stand

2 🎙 **저기요, 매표소는 어디예요?**

★ 매표소 ticket counter

3 🎙 **저기요, 제일 가까운 환전소가 어디예요?**

★ 환전소 currency exchange place (= money exchange place)

4 🎙 **저기요, 푸드 코트가 어디예요?**

5 🎙 **저기요, 3번 게이트가 어디예요?**

6 🎙 **저기요, 여기가 어디죠?**
(지금 저희가 어디에 있는 거죠?)

Excuse me, where's ~?

기내 교통 호텔 길거리 식당 쇼핑 관광지

Excuse me, where's the taxi stand?
[익쓰큐즈 미 웨얼ㅈ 더 택시 스탠드]

Excuse me, where's the ticket counter?
[익쓰큐즈 미 웨얼ㅈ 더 티킷 캬운털(캬우너)]

Excuse me, where's the closest currency exchange place?
[익쓰큐즈 미 웨얼ㅈ 더 클로우저스트 커뤤씨 익스췌인쥐 플레이스]

Excuse me, where's the food court?
[익쓰큐즈 미 웨얼ㅈ 더 풀 코-ㄹ트]

Excuse me, where's gate 3?
[익쓰큐즈 미 웨얼ㅈ 게잍 뜨리]

Excuse me, where are we?
[익쓰큐즈 미 웨얼 아 위]

A

저기요, 헬스장이 어디예요?

🎤 **Excuse me, where's the gym?**

B

3층에 있습니다만, 지금은 끝났습니다.
It's on the 3rd floor, but it's closed right now.

아침 6시 30분에서 오후 10시까지 운영해요.
It's open from 6:30 am to 10:00 pm.

---

* **Excuse me, where's** the gym? [익쓰큐즈 미 웨얼ㅈ 더 짐]
* gym 헬스장

장소 확인하기

브로드웨이에 가려면 어디에서 내려요?

Where do I get off for Broadway?

STEP 1

Where

어디 Where는 '장소'를 물을 때 쓰는 의문사이죠. 그래서 길이나 어떤 장소가 궁금할 땐 꼭 써야 하는 단어예요. 대놓고 '화장실이 어디냐?'라는 식으로 물어볼 땐 Where is 뒤에 그 장소를 바로 언급하면 된다고 바로 앞에서 배웠죠?

STEP 2

Where do I

(난) 어디서 ~해요? 그런데 콕 집어서 장소명을 말할 수 없을 때가 있잖아요. '버스는 어디서 타냐?', '계산은 어디서 하냐?'라는 식으로 말이죠. 이렇게 내 동작에 초점을 두고 그 동작을 하는 장소를 물을 땐 <Where do I + 동사원형 ~?>을 이용하세요.

STEP 3

Where do I get off for Broadway?

브로드웨이에 가려면 어디에서 내려요? 난생 처음 뉴욕 지하철을 타고 브로드웨이에 가는 중입니다. 어디에서 내리는지(get off) 옆 사람에게 물어보고 싶다면? 일단, 여기서도 Excuse me한 다음, Where do I 뒤에 get off for Broadway만 붙여주면 끝!

Where do I ~?

잘 듣고 따라 하면서 패턴을 내 것으로 만드세요!

1 🎧 **Where do I get off for Broadway?**
[웨얼 드 아이 게럽 포 브롸-ㄷ웨이]

* get off (버스, 지하철 등에서) 내리다

2 🎧 **Where do I get on Greyhound?**
[웨얼 드 아이 게론 그레이하운ㄷ]

* get on (버스, 지하철 등에) 타다

3 🎧 **Where do I get a subway map?**
[웨얼 드 아이 게러 썹웨이 맵]

4 🎧 **Where do I rent a bike?**
[웨얼 드 아이 뤤터 바익]

5 🎧 **Where do I pay?**
[웨얼 드 아이 페이]

6 🎧 **Where do I rent the equipment?**
[웨얼 드 아이 뤤ㅌ 디 이큅먼ㅌ]

어디서 ~해요?

기내   교통   호텔   길거리   식당   쇼핑   관광지

브로드웨이에 가려면 **어디에서 내려**요?

그레이하운드 버스는 **어디에서 타**죠?

지하철 노선표를 **어디서 구해**요?

자전거는 **어디서 빌려요?**

계산은 **어디서 해요?**

장비는 **어디서 빌려요?**

스케이트장이나 스키장 등 장비를 대여해야 하는 곳에서 쓸 수 있는 표현입니다.

1 🎤 메이시스 백화점 가려면 **어디서** 내려**요?**

* 메이시스 백화점 Macy's (뉴욕에 있는 미국의 대표적인 백화점)

2 🎤 전차는 **어디서** 타**요?**

* 전차 tram

3 🎤 택시는 **어디서** 잡아**요?**

* (교통편을) 잡아타다 catch

4 🎤 표는 **어디서** 끊어**요?**

5 🎤 이거 **어디서** 반납해**요?**

6 🎤 차는 **어디서** 빌려**요?**

Where do I ~?

기내   교통   호텔   길거리   식당   쇼핑   관광지

Where do I get off for Macy's?
[웨얼 드 아이 게럾 포 메이씨ㅈ]

Where do I get on the tram?
[웨얼 드 아이 게론 더 츄뤰]

Where do I catch a taxi?
[웨얼 드 아이 캐취 어 택시]

> catch는 교통편을 '놓치지 않고 잡아탄다'는 어감의 표현입니다.

Where do I get a ticket?
[웨얼 드 아이 게러 티킷]

Where do I return this?
[웨얼 드 아이 뤼턴 디ㅅ]

Where do I rent a car?
[웨얼 드 아이 뤤터 카알]

89

여행영어 패턴
실전 활용하기

12.3.mp3

A

저기요, 브로드웨이에 가려면 어디에서 내려요?

🎤 **Excuse me, where do I get off for Broadway?**

B

아, 다음 정거장에서 내리셔야 해요.
Oh, you should get off at the next stop.

🔊 12_4R.mp3

하루만 지나도 학습한 내용의 50%는 잊어버린다는 사실!
한 주 동안 익힌 표현들을 얼마나 말할 수 있는지 확인해 보세요.

1   D-21

이것들로 5개 있나요?   🎤   five of these?

2   D-23

에어컨을 끄려고 하는   🎤   turn the AC off.
데요.

3   D-20

저기요, 제일 가까운 환전   🎤   the closest
소가 어디예요?

currency exchange place?

* currency exchange place 환전소 (= money exchange place)

4   D-22

이쪽이 지하철역으로 가는   🎤   the way to the
길인가요?

subway station?

5   D-19

자전거는 어디서 빌려요?   🎤   rent a bike?

6 D-21

이거 다른 색깔로 있나요?　🎤 _____ it in different colors?

7 D-24

동료들 기념품 좀 사야 해요.　🎤 _____ buy some souvenirs for my colleagues.

* souvenir 기념품 | colleague 동료

8 D-20

저기요, 출구가 어디예요?　🎤 _____ the way out?

* way out 출구

9 D-22

표 끊는 줄인가요?　🎤 _____ line for tickets?

10 D-23

안내데스크를 찾고 있는데요, 못 찾겠네요.　🎤 _____ find the information desk, but I can't.

☑ 맞은 갯수 ⬤ 개/ 총 10개

모범답안 **1** Do you have　**2** I'm trying to　**3** Excuse me, where's　**4** Is this　**5** Where do I　**6** Do you have　**7** I need to　**8** Excuse me, where's　**9** Is this　**10** I'm trying to

12_5R.mp3

이번에는 패턴을 대화에서 얼마나 잘 활용할 수 있는지 확인할 차례입니다.
대화속 주인공이 되어 색깔로 표시된 우리말을 영어로 바꿔 말해보세요.

1
D-21

A 신어보셔도 돼요, 손님.

B 이게 정말 맘에 드는데요, 🎤 보라색으로
   있나요?

2
D-23

A 🎤 짐칸을 닫으려고 하는데요, 잘 안 되네요.

B 아, 제가 해드릴게요.

3
D-19

A 🎤 저기요, 브로드웨이에 가려면 어디에서
   내려요?

B 아, 다음 정거장에서 내리셔야 해요.

모범 답안은 바로 뒷장에 있어요. 👉

⚡

영어를 확인하고 큰 소리로 말해보세요.

1

A You can try them on, ma'am.

B I really like them, but 🎤 **do you have these in purple?**

2

A 🎤 **I'm trying to close the overhead compartment,** but it doesn't work.

B Oh, let me do it.

* overhead compartment 비행기 좌석의 머리 위에 있는 짐칸 | work 작동되다

3

A 🎤 **Excuse me, where do I get off for Broadway?**

B Oh, you should get off at the next stop.

4

A 이거 남자아이용인 거 같은데. 아니 🎙 여자아이용인가요?

B 아, 남녀공용입니다.

5

A 기사 아저씨, 🎙 저 40분 안에 비행기를 타야 하는데요.

B 걱정 마세요. 시간 충분합니다.

6

A 🎙 저기요, 헬스장이 어디예요?

B 3층에 있습니다만, 지금은 끝났습니다. 아침 6시 30분에서 오후 10시까지 운영해요.

모범 답안은 바로 뒷장에 있어요. 👉

영어를 확인하고 큰 소리로 말해보세요.

4

A This looks like it's for boys. Or 🎤 is it for girls?

B Oh, it's unisex.

* This looks like ~ 이거 ~인 것 같은데요, ~처럼 보이는데요

5

A Sir, 🎤 I need to catch my flight within 40 minutes.

B Don't worry. We have enough time.

6

A 🎤 Excuse me, where's the gym?

B It's on the 3rd floor, but it's closed right now. It's open from 6:30 am to 10:00 pm.

* gym 헬스장

장소·사람·교통편 등이 있는지 묻기

근처에 드러그스토어가 있나요?

Is there a drugstore near here?

STEP 1

Is/Are there ~?

~가 있나요? 어떤 것이 존재하냐, 즉 있냐고 물어볼 때 유용한 표현이에요. Is there ~? 나 Are there ~?나 똑같은 의미인데, 다만 Is there 뒤에는 단수명사가 오고, Are there 뒤엔 복수명사가 오죠.

STEP 2

Is there a(an)/any ~?

~가 있나요? Is there 뒤에 단수명사를 쓸 적에는 앞에 a/an(뒤에 오는 명사의 발음이 모음으로 시작할 경우 an을 씀)이나 any를 붙여 쓰세요. a/an은 막연히 '하나, 어떤'을 의미하고, any는 '뭐라도/누구라도' 있냐는 어감을 내포하고 있어요.

STEP 3

Is there a drugstore near here?

근처에 드러그스토어가 있나요? 그럼 현지 길거리에서 근처에 드러그스토어가 있는지 물어볼까요? '드러그스토어'는 a drugstore로, '근처에'는 near here로 말하면 되니까, 차례대로 Is there 뒤에 붙여주면 되겠네요. Is there a drugstore near here? 요렇게요!

Is there a(an)/any ~?

잘 듣고 따라 하면서 패턴을 내 것으로 만드세요!

1 🎧 **Is there a drugstore near here?**
[이ㅈ 데얼 어 드럭스토어 니어 히얼]

2 🎧 **Is there an ATM near here?**
[이ㅈ 데얼 언 에이티엠 니어 히얼]

3 🎧 **Are there lockers in the mall?** ·······
[아 데얼 락컬ㅈ 인 더 몰]

> 뒤에 복수명
> 사가 올 때는
> Are there!

* locker 물품 보관함 | mall 쇼핑몰 (shopping mall은 줄여서 mall이라고 말하는 경우가 많음)

4 🎧 **Is there a good place we can enjoy a night view of the city?**
[이ㅈ 데얼 어 굳 플레이ㅅ 위 캔 인조이 어 나잇 뷰 업 더 씨디]

5 🎧 **Is there any place we can keep our luggage for a while?**
[이ㅈ 데얼 애니 플레이ㅅ 위 캔 키잎 아월 러기쥐 포러와이얼]

* for a while 잠깐, 한동안

6 🎧 **Is there anyone who can speak Korean?**
[이ㅈ 데얼 애니원 후 캔 스픽 커뤼언]

~가 있나요?

 교통 호텔 길거리 쇼핑 관광지

근처에 드러그스토어**가 있나요?**

근처에 현금지급기**가 있을까요?**

쇼핑몰 안에 물품 보관함**이 있나요?**

이 도시의 야경을 즐길 수 있는 괜찮은 곳**이 있을까요?**

잠깐 짐을 보관할 곳**이 있을까요?**

> Is there any place we/I can ~?
> (우리/내가 ~할 수 있는 곳이 있을까요?)
> 을 통째로 기억해두면 좋죠!

한국어 할 줄 아는 분 **있나요?**

~가 있나요?

패턴을 활용해서 영어 말하기에 도전하세요.

1 🎤 **근처에 버스정류장**이 있나요?

* 버스정류장 bus stop

2 🎤 **근처에 환전소**가 있나요?

* 환전소 money exchange place (= currency exchange place)

3 🎤 **디즈니랜드로 가는 버스** 있나요?

4 🎤 **근처에 점심을 먹을 수 있는 괜찮은 곳** 있을까요?

* 점심을 먹다 have lunch

5 🎤 **마사지를 받을 수 있는 곳**이 있을까요?

* 마사지를 받다 get a massage

6 🎤 **한국어 하는 가이드** 있을까요?

Is there a(an)/any ~?

교통　호텔　길거리　쇼핑　관광지

Is there a bus stop near here?
[이ㅈ 데얼 어 버스땊 니어 히얼]

Is there a money exchange place nearby?
[이ㅈ 데얼 어 머니 익스췌인쥐 플레이스 니을바이]

Is there a bus that goes to Disneyland?
[이ㅈ 데얼 어 버ㅅ 댓 고우ㅈ 트 디즈니랜ㄷ]

Is there a good place we can have lunch near here? [이ㅈ 데얼 어 굳 플레이스 위 캔 햅 런치 니어 히얼]

Is there any place we can get a massage? [이ㅈ 데얼 애니 플레이스 위 캔 게러 머싸-쥐]

Is there a guide who speaks Korean?
[이ㅈ 데얼 어 가이ㄷ 후 스픽ㅅ 커뤼언]

A

반창고 살 만한 데 있을까요?

🎙 Is there any place I can get some
bandages?

B

모퉁이 돌면 드러그스토어가 있어요.
There's a drugstore around the corner.

★ **Is there** any place I can get some bandages? [이ㅈ 데얼 애니 플레이ㅅ 아이 캔 겟 썸 밴디쥐ㅈ]
★ drugstore   drug store라고 띄어 써도 됩니다. 온갖 물품을 파는 잡화점 같은 곳인데, 그 안에 약국(pharmacy) 코너가
   따로 있죠. 간판에 pharmacy라고 되어 있는 곳은 그야말로 '약국'인 거고요. 여행지에서 갑작스레 약국을 찾아야 할 일이
   있으면 drugstore나 pharmacy를 찾으면 돼요.

가격·거리·빈도·소요시간 묻기

(이거/그거) 얼마예요?

How much is it?

STEP 1

How

어떻게/얼마나 How 하면 How are you doing?(어떻게 지내세요?), How do I eat this?(이거 어떻게 먹는 거예요?)처럼 안부나 상태, 방법이나 수단 등을 물을 때 써요. 또, 정도가 '얼마나' 되는지를 물을 때도 꼭 필요한 의문사랍니다.

STEP 2

How much/far/often/long

가격이 얼마/얼마나 멀어/얼마나 자주/얼마나 오래 가격이 얼마인지, 거리가 얼마나 먼지, 빈도가 얼마나 잦은지, 시간이 얼마나 오래 걸리는지 등과 같은 정도를 묻고 싶을 땐 How 뒤에 much(가격)/far(거리)/often(빈도)/long(시간) 같은 부사를 붙여주세요.

STEP 3

How much is it?

(이거/그거) 얼마예요? 그래서 해외여행 시 물건 값을 물을 땐 무조건 How much를 쓰면 되는데요. 물건을 가리키면서, 혹은 물건을 골라 담은 다음에 물건 값을 물어보는 거라면 긴말 필요 없이 그냥 How much is it?이라고 하면 다 통해요!

How much/far/often/long

잘 듣고 따라 하면서 패턴을 내 것으로 만드세요!

1 🎧 **How much** is it?
[하우 머취 이짓]

2 🎧 **How much** per person?
[하우 머취 퍼 펄슨]

3 🎧 **How far** is it from here?
[하우 퐐 이짓 프롬 히얼]

4 🎧 **How often** does the bus come?
[하우 오픈 더ㅈ 더 버ㅅ 컴]

5 🎧 **How long** does it take?
[하우 롱 더짓 테익]

6 🎧 **How long** does it take to get a massage?
[하우 롱 더짓 테익 트 게러 머싸-쥐]

* How long does it take to + 동사원형 ~? ~하는 데 시간이 얼마나 걸려요?

(가격/거리/빈도/시간이) 얼마나

 교통   길거리   식당   쇼핑   관광지

(이거/그거) 얼마예요?

> 멀리 있는 물건을 가리키며 '저거 얼마예요?'라고 하려면 How much is that?이라고 하면 돼요.

1인당 얼마예요?

여기서 얼마나 멀어요?

버스는 얼마나 자주 와요?

시간이 얼마나 걸려요?

> 동사 take는 시간이 '걸리다, 든다'라는 의미로도 쓰인다는 사실, 꼭 기억하세요!

마사지 받는 데 시간이 얼마나 걸려요?

(가격/거리/빈도/시간이) 얼마나

패턴을 활용해서 영어 말하기에 도전하세요.

1 🎤 다 해서 **얼마예요?**

* 다 해서 in total

2 🎤 **얼마** 더 내야 하죠?

* (돈을) 지불해야 하다 have to pay

3 🎤 쇼핑몰까지는 **얼마나 멀어요?**

* ~까지는 얼마나 멀어요? How far is it to + 장소?

4 🎤 **얼마나 기다려야 해요?**

5 🎤 공항 가는 셔틀버스는 **얼마나 자주 있어요?**

* ~ 가는 셔틀버스는 얼마나 자주 있어요? How often does the shuttle bus go to + 장소?

6 🎤 거기 가는 데 **시간이 얼마나 걸려요?**

How much/far/often/long

교통　길거리　식당　쇼핑　관광지

How much in total?
[하우 머취 인 토를]

How much more do I have to pay?
[하우 머취 모어 두 아이 햅 트 페이]

How far is it to the mall?
[하우 퐐 이짓 트 더 몰]

How long should I wait?
[하우 롱 슈다이 웨잍]

How often does the shuttle bus go to the airport?
[하우 오픈 더ㅈ 더 셔를 버ㅅ 고우 트 디 에어폴ㅌ]

How long does it take to get there?
[하우 롱 더짓 테잌 트 겟 데얼]

A

어디 보자. 이거 정말 마음에 든다.
Let's see. I really like it.

얼마예요?

🎤 **How much is it?**

B

단돈 1달러입니다. 그건 지금 세일 중이거든요.
Only $1. It's on sale now.

---

* on sale 세일 중인

콕 찍어서 👉
예문 한번에 듣기!

● 학습일 : 월 일

요청 및 허락 구하기

현금으로 계산해도 되나요?

Can I pay in cash?

STEP 1

can

~할 수 있다/해도 된다 can은 '~할 수 있다'는 의미로 유명한 조동사이죠. 할 수 있다는 것은 그만한 능력이 있다는 의미도 되지만, 경우에 따라서는 '~해도 된다'는 의미를 나타내기도 합니다.

STEP 2

Can I ~?

~해도 될까요?/~해 주시겠어요? 그래서 Can I ~? 하면 '내가 ~할 수 있냐?', 즉 '내가 ~해도 되냐?'고 허락을 구하는 말이 되죠. 또, 뒤에 <have/get + 음식/물건>을 붙이면 '그 음식/물건을 가져도 되냐?', 즉 '주시겠어요?'라고 요청하는 말로도 쓰이고요.

STEP 3

Can I pay in cash?

현금으로 계산해도 되나요? 그럼 쇼핑 후 물건 값을 지불하기 직전 현금으로 계산해도 되는지 Can I를 이용해 확인해 볼까요? '현금으로 지불하다[계산하다]'는 표현 pay in cash만 Can I 뒤에 딱 붙여주면 간단히 해결되네요.

Can I ~?

잘 듣고 따라 하면서 패턴을 내 것으로 만드세요!

1 🎧 **Can I use it?**
[캐나이 유-짓]

2 🎧 **Can I get some water?**
[캐나이 겟 썸 워러]

3 🎧 **Can I have two coffees and a Diet Coke?** [캐나이 햅 투- 커퓌ㅈ 앤더(애너) 다이얼 콕]

4 🎧 **Can I try this on?**
[캐나이 츄라이 디-손]

5 🎧 **Can I pay in cash?**
[캐나이 페이 인 캐쉬]

6 🎧 **May I take a picture of your dog?**
[메이아이 테이커 픽춰 옵 유얼 독]

* take a picture of ~의 사진을 찍다

~해도 될까요?

기내   교통   호텔   길거리   식당   쇼핑   관광지

이거 좀 써도 **될까요?**

> Can I use 뒤에는 물건명을 직접 언급해도 되고, 물건명을 모를 때는 그 물건을 가리키며 그냥 Can I use it?이라고 하면 다 통합니다.

물 좀 주시**겠어요?**

커피 두 잔이랑 다이어트 콜라 한 잔 주시**겠어요?**

이거 좀 입어/신어/해 봐도 **돼요?**

현금으로 계산해도 **되나요?**

> 신용카드로 계산해도 되나요?
> Can I pay with a credit card?
> Can I pay by credit card?
> 여행자 수표를 써도 되나요?
> Can I use traveler's checks?

강아지 사진 좀 찍어도 **될까요?**

> 초면인 사람의 사진이나 강아지 사진을 좀 찍자고 부탁할 때는 Can I보다 더 조심스런 어감이 담긴 May I를 써보세요.

~해도 될까요?

패턴을 활용해서 영어 말하기에 도전하세요.

1 🎤 컴퓨터 좀 써도 **될까요?**

2 🎤 냅킨 좀 갖다 주시**겠어요?**

3 🎤 열쇠 하나 더 주시**겠어요?**

4 🎤 선물 포장해 주시**겠어요?**

* 그것/이것을 선물 포장 받다 get it gift-wrapped

5 🎤 이거 여기에 둬도 **돼요?**

* ~을 여기에 두다 leave ~ here

6 🎤 당신과 사진을 좀 찍어도 **될까요?**

* ~와 사진을 찍다 take a picture with

112

Can I ~?

Can I use the computer?
[캐나이 유-ㅈ 더 컴퓨럴]

Can I get some napkins?
[캐나이 겟 썸 냅킨ㅈ]

Can I have an extra key?

'열쇠를 방에 두고 왔다'는 말을 덧붙이고 싶다면 I'm locked out.이라고 하면 됩니다.

[캐나이 해번 엑스트러 키이]

Can I get it gift-wrapped?
[캐나이 게릿 기플뤱ㅌ]

Can I leave it here?
[캐나이 리이빗 히얼]

May I take a picture with you?
[메이아이 테이커 픽철 윋 유]

A

히스로 공항에서 차를 반납해도 되나요?

🎤 **Can I return the car at Heathrow Airport?**

B

물론, 그러셔도 됩니다.
Of course, you can.

★ **Can I** return the car at Heathrow Airport**?** [캐나이 뤼턴 더 카알 앳 히쓰로우 에어폴ㅌ]
★ Heathrow Airport 영국 런던 근교에 있는 국제공항

• 학습일: 월 일

부탁 및 요청하기

잔돈으로 바꿔 주실 수 있나요?

Can you break this bill?

STEP 1

can

~할 수 있다/해도 된다 앞서 can은 '~할 수 있다'는 능력을 의미하는 말로도 쓰이고, '~해도 된다'고 허락을 의미하는 말로도 쓰인다고 했어요. 그래서 내가 어떤 것을 해도 되는지 허락을 구하거나 요청할 땐 Can I ~?로 물어보면 된다 했죠.

STEP 2

Can you ~?

~해 주실 수 있어요? 이번에는 나를 중심으로가 아니라 상대방 입장을 중심으로 Can you ~?라고 물어보는 연습을 해봐요. Can you ~? 하면 '~해 주실 수 있어요?'라고 상대방에게 직접적으로 뭔가를 부탁하거나 요청할 때 써요.

STEP 3

Can you break this bill?

잔돈으로 바꿔 주실 수 있나요? 가령, 환전소에서 큰 지폐를 좀 작은 단위의 지폐나 잔돈으로 바꿔달라고 하고 싶다면? 지폐를 '잔돈으로 바꾼다'고 할 때는 break라는 동사를 쓰니까, 손에 들고 있는 지폐를 딱 내밀면서 Can you 뒤에 break this bill이라고만 붙여주면 되죠.

115

Can you ~?

잘 듣고 따라 하면서 패턴을 내 것으로 만드세요!

1 🎧 **Can you** give me a bus map?

[캐뉴 깁 미 어 버스 맵]

* bus map 버스 노선표

2 🎧 **Can you** cook this a little bit more?

[캐뉴 쿡 디서 리를 빝 모어]

3 🎧 **Could you** recommend a good place for shopping? [쿠쥬 뤠커맨더 굳 플레이스 포 샤핑]

4 🎧 **Could you** give me a wake-up call at 5?

[쿠쥬 깁 미 어 웨이컵 콜 앳 퐈이브]

* give ~ a wake-up call ~에게 모닝콜을 해주다

5 🎧 **Would you** find a book called *Cold Mountain*? [우쥬 퐈인더 북 콜드 코울드 마운튼]

* called (이름, 제목이) ~라고 하는

6 🎧 **Would you** let me know where to get off to get to the MoMA?

[우쥬 렛 미 노우 웨얼 트 게럽 트 겟 트 더 모마]

* let me know ~을 내게 알려 주다

116

~해 주실 수 있어요?

기내 교통 호텔 길거리 식당 쇼핑 관광지

버스 노선표 하나 주실 수 있나요?

이거 좀 더 익혀 주실 수 있어요?

> cook은 보통 불에 익혀 요리하는 것을 말하는 동사

쇼핑하기 좋은 곳 좀 추천해 주실 수 있을까요?

> 좀 더 공손하게 말하고 싶다면 Could you ~?를 써보세요.

아침 5시에 모닝콜 좀 해주실 수 있을까요?

'콜드 마운틴'이라는 책 좀 찾아주시겠어요?

> Would you ~?도 공손하게 부탁하거나 요청할 때 잘 쓰는 패턴. '~해 주시겠냐?' 고 상대방의 의지에 초점에 둔 말이죠.

모마 미술관에 가려면 어디서 내릴지 알려 주시겠어요?

> MoMA는 The Museum of Modern Art의 약자로, 뉴욕의 유명한 현대미술관입니다.

~해 주실 수 있어요?

패턴을 활용해서 영어 말하기에 도전하세요.

1 🎤 (지폐를 내밀면서) **잔돈으로 바꿔 주실 수 있나요?**

★ (지폐를) 잔돈으로 바꾸다 break

2 🎤 **할인해 주실 수 있나요?**

★ 할인해 주다 give me a discount

3 🎤 **포크 하나 더 주실 수 있을까요?**

★ 포크 하나 더 another fork

4 🎤 **가방 좀 잠깐 맡아주실 수 있을까요?**

★ 잠깐, 한동안 for a while

5 🎤 **소리 좀 줄여 주시겠어요?**

6 🎤 **콜드플레이의 새 앨범 좀 찾아주시겠어요?**

★ 콜드플레이의 새 앨범 new Coldplay album

Can you ~?

기내　교통　호텔　길거리　식당　쇼핑　관광지

Can you break this bill?
[캐뉴 브레이ㅋ 디ㅅ 비일]

Can you give me a discount?
[캐뉴 깁 미 어 디스카운ㅌ]

Could you give me another fork?
[쿠쥬 깁 미 언어더 포얼ㅋ]

Could you keep my baggage for a while?
[쿠쥬 키잎 마이 배기쥐 포러와이얼]

Would you turn it down?
[우쥬 터닛다운]

Would you find a new Coldplay album?
[우쥬 퐈인더 뉴 코올ㄷ플레이 앨범]

A

뭐 필요하세요, 손님?
Can I help you, ma'am?

B

이거 좀 더 익혀주실 수 있어요?
🎤 **Can you cook this a little bit more?**

덜 익은 거 같아요.
I think it's not fully cooked.

---

* fully 완전히

콕 찍어서 예문 한번에 듣기!

● 학습일 :　　월　　일

정보 요청하기

어디에서 표 사는지 좀 알려 주실래요?

Can you tell me where to buy a ticket?

STEP 1

Can you ~?

~해 주실 수 있어요? 상대방에게 직접적으로 '~해 주실 수 있어요?'라고 부탁하거나 요청할 때는 Can you ~?를 쓴다고 했죠? can이 조동사이니까, Can you 뒤에는 당연히 동사원형을 말해야 하고요.

STEP 2

Can you tell me ~?

~ (좀) 알려 주실래요? 그런데 Can you 뒤에 tell me(내게 얘기해 주다)를 붙여 Can you tell me ~?라고 하면 '~을 알려 주실 수 있어요?'라며 궁금한 정보를 요청하는 표현이 됩니다.

STEP 3

Can you tell me where to buy a ticket?

어디에서 표 사는지 좀 알려 주실래요? Can you tell me 뒤에는 궁금한 점을 명사 형태로 물어보면 되는데요. <where 주어 + 동사(어디서 ~하는지)>, <where/how to + 동사원형(어디에서/어떻게 ~하는지)>과 같이 의문사절/구를 잘 붙여 쓰죠.

Can you tell me ~?

잘 듣고 따라 하면서 패턴을 내 것으로 만드세요!

1 🎧 **Can you tell me how to fill out this form?**
[캐뉴텔미 하우 트 필라웃 디ㅅ 포엄]

* how to + 동사원형 ~하는 방법, 어떻게 ~하는지

2 🎧 **Can you tell me where to buy a ticket?**
[캐뉴텔미 웨얼 트 바이 어 티킷]

3 🎧 **Can you tell me where I can have breakfast?** [캐뉴텔미 웨어라이캔 햅 브뤡풔스트]

* have breakfast 아침을 먹다

4 🎧 **Can you tell me what floor women's clothes is on?** [캐뉴텔미 왓 플로얼 위민ㅈ 클로우지ㅈ 온]

* women's clothes 여성복

5 🎧 **Can you tell me the password of your WiFi?** [캐뉴텔미 더 패스월ㄷ 옵 유얼 와이퐈이]

6 🎧 **Can you show me how to use the machine?** [캐뉴쇼우미 하우 트 유-ㅈ 더 머신]

~ (좀) 알려 주실래요?

기내 교통 호텔 길거리 식당 쇼핑 관광지

**이 서류 작성하는 법
좀 알려 주실래요?**

> 여기 Can you는 모두 Could you 혹은
> Would you로 바꿔 말해도 됩니다.

어디에서 표 사는지 좀 알려 주실래요?

아침 어디서 먹으면 되는지 좀 알려 주실래요?

**여성복은 몇 층에 있는지
알려 주실래요?**

> 몇 층에 있냐고 물어볼 때 전치사
> on을 빠뜨리지 않도록 하세요.

여기 와이파이 비밀번호 좀 알려 주실래요?

**이 기계 사용하는 법
좀 알려 주실래요?**

> tell 대신 show(보여 주다)를 써서 Can you
> show me ~?라고 해도 같은 맥락의 표현이
> 에요. 다만 show를 쓰면 직접 시연해 보여
> 달라는 어감이 묻어나죠.

~ (좀) 알려 주실래요?

패턴을 활용해서 영어 말하기에 도전하세요.

1 🎤 공항 어떻게 가는지 **좀 알려 주실래요?**

★ 공항에 가다 get to the airport

2 🎤 페리 타려면 어디로 가야 되는지 **알려 주실래요?**

★ 페리를 타려면 to get on the ferry

3 🎤 바가 몇 층에 있는지 **알려 주실래요?**

4 🎤 수영장 몇 시까지 하는지(몇 시에 문 닫는지) **알려 주실래요?**

★ 수영장 swimming pool

5 🎤 한국 대사관의 정확한 위치를 **알려 주실래요?**

★ 정확한 위치 exact location | 한국 대사관 Korean Embassy

6 🎤 해리포터 스튜디오 가는 길 **좀 알려 주실래요?**

★ ~로 가는 길 the way to + 장소

Can you tell me ~?

기내　교통　호텔　길거리　식당　쇼핑　관광지

Can you tell me how to get to the airport?
[캐뉴텔미 하우 트 겟 트 디 에어폴트]

Can you tell me where to go to get on
the ferry? [캐뉴텔미 웨얼 트 고우 트 게론 더 풰리]

Can you tell me what floor the bar is on?
[캐뉴텔미 왓 플로얼 더 바알 이-존]

Can you tell me what time the swimming
pool closes? [캐뉴텔미 왓 타임 더 스위밍 풀 클로우지ㅈ]

Can you tell me the exact location of
the Korean Embassy?
[캐뉴텔미 디 이그젝트 로우케이션 옵 더 커뤼언 엠버씨]

Can you show me the way
to the Harry Potter Studio?
[캐뉴쇼우미 더 웨이 트 더 해리 퐈터 스튜디오]

> Harry Potter Studio는 영국 런던 근교에 있는 해리포터 박물관이에요.

125

A

바가 몇 층에 있는지 알려 주실래요?

🎤 **Can you tell me what floor the bar is on?**

B

꼭대기층, 9층에 있습니다.
It's on the top floor, the 9th.

●학습일: 월   일

도움 청하기

이 무인 발권기 사용하는 것 좀 도와주실래요?

Can you help me with this kiosk?

STEP 1

Can you ~?

~해 주실 수 있어요? 상대방에게 직접적으로 '~해 주실 수 있어요?'라고 부탁하거나 요청할 때는 Can you ~?를 쓴다고 했습니다. 이번에는 Can you 뒤에 help me(나를 도와주다)를 붙인 패턴을 연습해 봅시다.

STEP 2

Can you help me ~?

~ (좀) 도와주실래요? 뻔한 상황에서는 Can you help me?라고만 해도 도움을 요청할 수 있는데요. 구체적으로 뭘 도와달라고 말하고 싶을 땐 Can you help me 뒤에 <with + 명사> 또는 <동사원형 ~>으로 구체적인 내용을 얘기하면 됩니다.

STEP 3

Can you help me with this kiosk?

이 무인 발권기 사용하는 것 좀 도와주실래요? Can you help me 뒤에 명사만 언급해도 무얼 어떻게 도와달라는 건지 바로 인식이 되는 경우엔 <with + 명사> 형태로만 간단히 갖다 붙이세요.

Can you help me ~?

잘 듣고 따라 하면서 패턴을 내 것으로 만드세요!

1 🎧 **Can you help me with this kiosk?**
[캐뉴헬ㅍ미 윋 디ㅅ 키-아스ㅋ]

2 🎧 **Can you help me with this form?**
[캐뉴헬ㅍ미 윋 디ㅅ 포엄]

3 🎧 **Can you help me find my seat?**
[캐뉴헬ㅍ미 퐈인ㄷ 마이 씨잍]

4 🎧 **Can you help me carry these to my room?** [캐뉴헬ㅍ미 캐뤼 디이ㅈ 트 마이 룸]

5 🎧 **Can you help me call a taxi?**
[캐뉴헬ㅍ미 콜 어 택시]

6 🎧 **Can you help me book my flight?**
[캐뉴헬ㅍ미 북 마이 플라잍]

~ (좀) 도와주실래요?

기내　교통　호텔　쇼핑　관광지

이 무인 발권기 사용하는 것 좀 도와주실래요?

> kiosk는 지하철에 비치된 '무인 정보 단말기'나 무인호텔, 극장 등에 비치된 '무인 발권기'를 가리킬 때 쓸 수 있는 표현이에요.

이 서류 작성 좀 도와주실래요?

제 자리 찾는 거 좀 도와주실래요?

이것들 제 방으로 옮기는 거 좀 도와주실래요?

택시 부르는 것 좀 도와주실래요?

비행기 예약하는 것 좀 도와주실래요?

> 오늘 예문의 Can you는 모두 Could you 혹은 Would you로 바꿔 말해도 됩니다.

~ (좀) 도와주실래요?

패턴을 활용해서 영어 말하기에 도전하세요.

1 🎙 이거 **좀 도와주실래요?**

2 🎙 세탁기 사용하는 것 **좀 도와주실래요?**

★ 세탁기 laundry machine

3 🎙 이 책 찾는 거 **좀 도와주실래요?**

4 🎙 친구들 선물 고르는 거 **좀 도와주실래요?**

★ 선택하다, 고르다 choose

5 🎙 제 가방 트렁크에 싣는 거 **좀 도와주실래요?**

★ A를 B에 넣어 싣다 put A into B

6 🎙 이 식당 예약하는 것 **좀 도와주실래요?**

★ 예약하다 book

Can you help me ~?

기내 교통 호텔 쇼핑 관광지

Can you help me with this?
[캐뉴헬ㅍ미 윋 디ㅅ]

Can you help me with the laundry machine? [캐뉴헬ㅍ미 윋 더 론드리 머신]

Can you help me find this book?
[캐뉴헬ㅍ미 퐈인ㄷ 디ㅅ 북]

Can you help me choose some gifts for my friends? [캐뉴헬ㅍ미 츄-ㅈ 썸 깊ㅊ 포 마이 프렌ㅈ]

Can you help me put my baggage into the trunk? [캐뉴헬ㅍ미 풑 마이 배기쥐 인트 더 츄렁ㅋ]

Can you help me book this restaurant?
[캐뉴헬ㅍ미 북 디ㅅ 뤠스터런ㅌ]

131

A

친구들 선물 고르는 거 좀 도와주실래요?

🎤 **Can you help me choose some gifts for my friends?**

B

그럼요. 이건 어떠세요?
Sure. How about this one?

---

* How about ~? '~는 어떠냐?'고 제안할 때 간단히 쓸 수 있는 표현이에요. 약속을 잡을 때도 How about tomorrow?(내일 어때요?)처럼 제안할 수 있죠.

망각방지 1 : 문장 말하기 D-18~D-13

🎧 18_4R.mp3

하루만 지나도 학습한 내용의 50%는 잊어버린다는 사실!
한 주 동안 익힌 표현들을 얼마나 말할 수 있는지 확인해 보세요.

1

D-16

현금으로 계산해도
되나요?

🎤 _____ pay in cash?

2

D-13

택시 부르는 것 좀 도와주
실래요?

🎤 _____ call a taxi?

3

D-18

근처에 버스정류장이
있나요?

🎤 _____ a bus stop near
here?

* bus stop 버스정류장

4

D-14

여기 와이파이 비밀번호
좀 알려 주실래요?

🎤 _____ the password of
your WiFi?

5

D-17

시간이 얼마나 걸려요?

🎤 _____ does it take?

6

D-15

쇼핑하기 좋은 곳 좀 추천
해 주실 수 있을까요?

🎤　　　　　　　　recommend a good place for shopping?

7

D-17

얼마 더 내야 하죠?

🎤　　　　　　　　more do I have to pay?

8

D-18

한국어 할 줄 아는 분
있나요?

🎤　　　　　　　　anyone who can speak Korean?

9

D-14

페리 타려면 어디로 가야
되는지 알려 주실래요?

🎤　　　　　　　　where to go to get on the ferry?

* get on the ferry 페리를 타다

10

D-13

세탁기 사용하는 것 좀
도와주실래요?

🎤　　　　　　　　with the laundry machine?

* laundry machine 세탁기

📝 맞은 갯수　　　　개/ 총 10개

모범답안　**1** Can I　**2** Can you help me　**3** Is there　**4** Can you tell me　**5** How long　**6** Could you
7 How much　**8** Is there　**9** Can you tell me　**10** Can you help me

18_SR.mp3

이번에는 패턴을 대화에서 얼마나 잘 활용할 수 있는지 확인할 차례입니다.
대화속 주인공이 되어 색깔로 표시된 우리말을 영어로 바꿔 말해보세요.

1
D-16

A 🎤 **히스로 공항에서 차를 반납해도 되나요?**

B 물론, 그러셔도 됩니다.

2
D-14

A 🎤 **바가 몇 층에 있는지 알려 주실래요?**

B 꼭대기층, 9층에 있습니다.

3
D-18

A 🎤 **반창고 살 만한 데 있을까요?**

B 모퉁이 돌면 드러그스토어가 있어요.

모범 답안은 바로 뒷장에 있어요. 👉

영어를 확인하고 큰 소리로 말해보세요.

1

A 🎤 Can I return the car at Heathrow Airport?

B Of course, you can.

* Heathrow Airport 영국 런던 근교에 있는 국제공항

2

A 🎤 Can you tell me what floor the bar is on?

B It's on the top floor, the 9th.

3

A 🎤 Is there any place I can get some bandages?

B There's a drugstore around the corner.

4

A 뭐 필요하세요, 손님?

B 🎤 이거 좀 더 익혀주실 수 있어요? 덜 익은 거
같아요.

5

A 🎤 친구들 선물 고르는 거 좀 도와주실래요?

B 그럼요. 이건 어떠세요?

6

A 어디 보자. 이거 정말 마음에 든다. 🎤 얼마예요?

B 단돈 1달러입니다. 그건 지금 세일 중이거든요.

모범 답안은 바로 뒷장에 있어요. 👉

영어를 확인하고 큰 소리로 말해보세요.

4

A Can I help you, ma'am?

B 🎤 **Can you cook this a little bit more?** I think it's not fully cooked.

* fully 완전히

5

A 🎤 **Can you help me choose some gifts for my friends?**

B Sure. How about this one?

6

A Let's see. I really like it. 🎤 **How much is it?**

B Only $1. It's on sale now.

* on sale 세일 중인

콕 찍어서 👉
예문 한번에 듣기!

• 학습일 :   월   일

교통편 묻기

여기서 모마 미술관에 어떻게 가요?

How do I get to the MoMA from here?

STEP 1

get to

~에 가닿다 get to는 뒤에 지역이나 장소를 써서 '~에 가다'라는 의미로 잘 쓰이는 표현이에요. go to가 그쪽 방향으로 간다는 동작에 초점을 맞춘 표현이라면, get to는 그곳에 닿다, 도착하다는 결과에 초점을 맞춘 표현이죠.

STEP 2

How do I get to ~?

~에 어떻게 가요? 특정 장소에 닿으려면 어떤 교통수단을 이용해야 하는지 묻고 싶어요. 그럴 때 바로 의문사 How와 get to를 결합해 How do I get to ~?를 활용하세요. 해외여행 길에 꼭 챙겨가야 할 필수 표현 중 하나입니다!

STEP 3

How do I get to the MoMA from here?

여기서 모마 미술관에 어떻게 가요? 자, 그럼 '여기서 뉴욕에 있는 현대미술관(the MoMA라는 곳이죠)에 가려면 어떻게 해야 하는지' 물어봅시다. How do I get to 하고 the MoMA한 다음 '여기서 from here'를 붙여주면 가뿐히 완성!

How do I get to ~?

잘 듣고 따라 하면서 패턴을 내 것으로 만드세요!

1 **How do I get to the MoMA from here?**
[하우 드 아이 겟 트 더 모마 프롬 히얼]

> ★ MoMA 뉴욕 현대미술관 (The Museum of Modern Art의 약자)

2 **How do I get to the Statue of Liberty?**
[하우 드 아이 겟 트 더 스떼츄 옵 리버디]

3 **How do I get to the Harry Potter Studio?**
[하우 드 아이 겟 트 더 해리 퍼터 스튜디오]

4 **How do I get to the airport?**
[하우 드 아이 겟 트 디 에어폴트]

5 **How do I get to this place from here?**
[하우 드 아이 겟 트 디ㅅ 플레이ㅅ 프롬 히얼]

6 **How do I get there?**
[하우 드 아이 겟 데얼]

~에 어떻게 가요?

교통 호텔 길거리

여기서 모마 미술관**에 어떻게 가요?**

자유의 여신상**에 어떻게 가요?**

해리포터 스튜디오**에 어떻게 가요?**

공항**에 어떻게 가요?**

(지도나 주소를 보여주며) 여기서 이곳은 **어떻게 가요?**

거긴 **어떻게 가요?**

> get 뒤에 장소를 나타내는 부사가 올 때는 전치사 to는 필요없답니다.

~에 어떻게 가요?

패턴을 활용해서 영어 말하기에 도전하세요.

1 🎤 **센트럴 파크에 어떻게 가요?**

★ 센트럴 파크 Central Park (뉴욕 도심지에 있는 큰 공원)

2 🎤 **스테이플스 센터에 어떻게 가요?**

★ 스테이플스 센터 Staples Center (LA에 있는 대형 경기장)

3 🎤 **여기서 버킹엄 궁전에 어떻게 가요?**

★ 버킹엄 궁전 Buckingham Palace (런던에 있는 영국 여왕이 사는 궁전)

4 🎤 **도그 이어드 북스에 어떻게 가요?**

★ 도그 이어드 북스 Dog-Eared Books (샌프란시스코에 있는 작은 중고서점)

5 🎤 **버스 터미널에 어떻게 가요?**

6 🎤 **여기서 시내 어떻게 가요?**

★ 시내에 가다 get downtown

How do I get to ~?

교통　호텔　길거리

How do I get to Central Park?
[하우 드 아이 겟 트 센트뤌 파알ㅋ]

How do I get to Staples Center?
[하우 드 아이 겟 트 스떼이플ㅅ 쎈털]

How do I get to Buckingham Palace from here?　[하우 드 아이 겟 트 버킹엄(햄) 팰러ㅅ 프롬 히얼]

How do I get to Dog-Eared Books?　[하우 드 아이 겟 트 독이얼ㄷ 북ㅅ]

> dog-eared는 책을 많이 봐서 '책장의 모서리가 해지거나 접힌' 상태를 의미

How do I get to the bus terminal?
[하우 드 아이 겟 트 더 버ㅅ 터-ㄹ미널]

How do I get downtown from here?
[하우 드 아이 겟 다운타운 프롬 히얼]

A

여기서 시내 어떻게 가요?

🎙 **How do I get downtown from here?**

B

죄송하지만, 모르겠네요.
Sorry, I'm not sure.

저쪽에 안내소에 가서 물어보시는 게 좋을 듯요.
You should ask the information center over there.

---

* You should ~ 여행길에서 뭔가를 물어보면 You should ~로 시작하는 말을 들을 수 있을 텐데요. You should ~는 '~하세요', '~하시는 게 좋을 듯합니다'라고 부드럽게 권유하거나 조언하는 표현이에요.

콕 찍어서
예문 한번에 듣기!

• 학습일: 월 일

구체적인 정보 묻기

매표소가 어디 있는지 아세요?

Do you know where the ticket counter is?

STEP 1

know

알다 뭔가 알고 싶거나 알아야 할 일이 있을 때 가장 먼저 떠오르는 단어가 동사 know이죠? 여행지에서는 내가 모르는 정보를 캐내야 하니까, 이 know를 이용한 질문을 활용할 일이 생기겠죠?

STEP 2

Do you know ~?

~ 아세요? 여행지에서 특정 장소(where)나 그곳의 개폐점 시간(what time), 찾아가는 방법(how) 등이 알고 싶을 땐 Do you know ~?로 물어보세요. 뒤에는 구체적으로 궁금한 사항을 의문사절/구로 물어보면 됩니다.

STEP 3

Do you know where the ticket counter is?

매표소가 어디 있는지 **아세요?** 자, 그럼 한 문장 맛보기로 연습해 볼까요? 박물관 앞에서 행인에게 매표소가 어디 있는지 아냐고 묻고 싶어요. 일단 Do you know라고 한 다음 '매표소가 어디 있는지 where the ticket counter is'를 이어서 말해 주세요.

Do you know ~?

잘 듣고 따라 하면서 패턴을 내 것으로 만드세요!

1 🎧 **Do you know** where the ticket counter is?
[두 유 노우 웨얼 더 티킷 캬운털(캬우너) 이ㅈ]

2 🎧 **Do you know** where Shake Shack Burger is? [두 유 노우 웨얼 쉐잌 쉑 버걸 이ㅈ]

3 🎧 **Do you know** where I can wash my hands? [두 유 노우 웨얼 아이 캔 와쉬 마이 핸ㅈ]

* wash one's hands 손을 씻다

4 🎧 **Do you know** any bakeries around here? [두 유 노우 애니 베이커리ㅈ 어롸운ㄷ 히얼]

5 🎧 **Do you know** what time they close?
[두 유 노우 왓 타임 데이 클로우ㅈ]

6 🎧 **Do you know** how to get there?
[두 유 노우 하우 트 겟 데얼]

~ 아세요?

교통　호텔　길거리　관광지

매표소가 어디 있는지 **아세요?**

쉐이크쉑 버거가 어디 있는지 **아세요?**

손 씻을 수 있는 데가 어딘지 **아세요?**

> 화장실이 어디인
> 지를 돌려 묻는
> 표현입니다.

근처에 빵집 어디 **아세요?**

> 근처에 빵집 같은 게 어디 있냐고 묻고
> 싶을 땐 이렇게 간단히 <Do you know
> any 장소(복수명사) around here?> 식
> 으로 간단히 물어볼 수 있어요.

거기 몇 시까지 하는지 **아세요?**

> 식당, 서점, 도서관, 박물관
> 등의 업소/업체나 기관 등은
> 보통 they로 받아 말합니다.

거기 가는 방법 **아세요?**

~ 아세요?

패턴을 활용해서 영어 말하기에 도전하세요.

1 🎙 화장실이 어디 있는지 **아세요?**

2 🎙 주유소가 어디 있는지 **아세요?**

* 주유소 gas station

3 🎙 엽서 살 만한 데가 어딘지 **아세요?**

* 엽서 postcard

4 🎙 근처에 약국 어디 **아세요?**

* 약국 pharmacy

5 🎙 행사가 몇 시에 시작하는지 **아세요?**

* 행사 event

6 🎙 이거 사용법 **아세요?**

Do you know ~?

교통   호텔   길거리   관광지

Do you know where the restroom is**?**
[두 유 노우 웨얼 더 뤠슽룸 이ㅈ]

Do you know where a gas station is**?**
[두 유 노우 웨어러 개스떼이션 이ㅈ]

Do you know where I can buy postcards**?**
[두 유 노우 웨얼 아이 캔 바이 포슽카알ㅈ]

Do you know any pharmacies around
here**?** [두 유 노우 애니 퐈알머씨ㅈ 어롸운ㄷ 히얼]

Do you know what time the event starts**?**
[두 유 노우 왓 타임 디 이벤ㅌ 스따알ㅊ]

Do you know how to use it**?**
[두 유 노우 하우 트 유-짓]

149

여행영어 패턴
실전 활용하기

🔊 20.3.mp3

A

저기요, 근처에 주유소 어디 아세요?

🎤 **Excuse me, do you know any gas stations around here?**

B

이 근처에는 없는 것 같고요.
I'm afraid there's none nearby.

이 길로 30분 정도 죽 운전해 가시면 오른편에 하나 나올 거예요.
Keep driving for about 30 minutes and you'll find one on the right.

---

* **Do you know** any gas stations around here? [두 유 노우 애니 개스떼이션ㅈ 어롸운ㄷ 히얼]
* I'm afraid ~ 희소식이 아니라, 유감스러운 이야기를 꺼내야 할 때 I'm afraid라고 한 다음 본론으로 들어가는 경우가 많답니다. '안됐지만, 애석하지만, 유감스럽지만 ~이다', '~인 것 같다'는 어감의 표현이죠.

정보 확인하기

정장을 입어야 하나요?

Should I wear a suit?

STEP 1

should

~해야 하다 should는 우리말로 '~해야 한다'지만, have to나 must보다 훨씬 부드러운 표현이에요. 관례상 혹은 상식적으로 당연히 해야 한다는 어감으로도 쓰이고, 정황상 그렇게 하는 게 좋으니까 해야 한다는 어감으로도 쓰여요.

STEP 2

Should I ~?

(내가) ~해야 하나요? 그래서 Should I ~?라고 물어보면 '내가 ~해야 되나요/하나요?'라는 의미가 됩니다. 낯선 곳에서 처음 도전하는 일에 대해선 돌다리도 두드려 보는 심정으로 이 패턴을 이용할 일이 자꾸 생길 거예요.

STEP 3

Should I wear a suit?

정장을 입어야 하나요? 해외에서 근사한 레스토랑을 예약하면서 정장을 입어야 되는지 확인 한번 해볼까요? '정장'은 suit이고, '입다'는 wear니까, Should I 뒤에 wear a suit만 붙이면 간단히 해결되네요.

1 **Should I** wear a suit?
[슈다이 웨어러 수-ㅌ]

* suit 정장

2 **Should I** call the police?
[슈다이 콜 더 펄리-ㅅ]

* call the police 경찰을 부르다, 즉 '경찰에 신고하다'는 의미

3 **Should I** book a gondola ride in advance?
[슈다이 북커 간덜러 라이딘 애드밴ㅅ]

* in advance 미리

4 **Should I** leave my valuables with the front desk? [슈다이 리이브 마이 밸류어블ㅈ 윈 더 프론ㅌ 데슼]

* valuables 귀중품

5 Where **should I** get it fixed?
[웨얼 슈다이 게릿 픽스ㅌ]

6 Where **should I** go to get some used books? [웨얼 슈다이 고우 ㅌ 겟 썸 유-스ㅌ 북ㅅ]

* used book 헌책

~해야 하나요?

교통 호텔 길거리 식당 관광지

정장을 입어야 **하나요?**

> 그럴 듯한 식당 등을 예약할 때 드레스 코드를 맞춰야 되는지 확인 차 간단히 쓸 수 있는 표현이죠.

경찰에 신고해야 **하나요?**

곤돌라를 타려면 미리 예약을 해야 **하나요?**

귀중품을 안내 데스크에 맡겨야 **되나요?**

이걸 어디에서 고쳐야 **되나요?**

> 어디에서 하면 되는지를 묻고 싶다면 should I 앞에 Where 를 살짝 덧붙여 보세요.

헌책 좀 구하려면 어디로 가야 **하나요?**

~해야 하나요?

패턴을 활용해서 영어 말하기에 도전하세요.

1 🎤 **여기서 기다려야 하나요?**

2 🎤 **이 서류를 작성해야 하나요?**

* (서류 등을) 작성하다, 채우다 fill out | 서류 form

3 🎤 **병원에 가야 하나요?**

* 병원에 가다 go see a doctor

4 🎤 **술을 사려면 여권을 보여줘야 하나요?**

* 술 liquor

5 🎤 **머리를 자르려면 어디로 가야 하나요?**

* (미용실 등에서) 머리를 자르다 get one's hair cut

6 🎤 **현지 음식을 맛보려면 어디로 가야 하나요?**

* 현지 음식을 맛보다[즐기다] enjoy some local food

Should I ~?

교통　호텔　길거리　식당　관광지

Should I wait here?
[슈다이 웨잍 히얼]

Should I fill out this form?
[슈다이 퓔라웃 디ㅅ 포엄]

Should I go see a doctor?
[슈다이 고우 씨이 어 닥털]

Should I show my passport to buy liquor?
[슈다이 쇼우 마이 패스폴 트 바이 리껄]

Where should I go to get my hair cut?
[웨얼 슈다이 고우 트 겟 마이 헤얼 컷]

Where should I go to enjoy some local food?
[웨얼 슈다이 고우 트 인조이 썸 로컬 풋]

A

곤돌라를 타려면 미리 예약을 해야 하나요?

🎙 **Should I book a gondola ride in advance?**

B

아뇨, 미리 예약을 할 필요가 없어요.

No, it's not necessary to book in advance.

---

* It's not necessary to + 동사원형 ~할 필요가 없다
* Venice와 gondola 이탈리아의 베니스(Venice, 이탈리아어로 Venezia)는 세계 유일의 수상도시이죠. 따라서 수상교통이 발달했는데요, 이러한 도시의 특징을 활용한 특별한 관광상품 중 하나가 바로 수상교통수단인 gondola(위 사진 참조)입니다. gondola는 현지인들의 일상교통수단이라기보다는 관광상품용이에요.

 콕 찍어서 ☞
예문 한번에 듣기!

● 학습일 :　　　월　　　일

소감 말하기

굉장한데요.

It's amazing.

STEP 1

It

그것 '그것'이란 의미의 대명이죠. 사물을 가리키며 쓸 수도 있고, 전반적인 상황을 가리킬 때도 쓸 수 있습니다. 날씨나 시간, 거리 등을 말할 때도 쓸 수 있는데, 이때는 주어 자리를 지키는 역할을 할 뿐 굳이 '그것'이란 의미를 나타내지는 않죠.

STEP 2

It's

그것은 ~이다 여행을 하며 낯선 곳에서 새로운 음식을 먹고, 멋진 건물과 풍경을 보고, 박물관에서 멋진 작품 등을 보면 감탄이 절로 나옵니다. 그럴 때 It's한 다음 지금 내가 느끼는 감정을 형용사로 뱉어내 보세요.

STEP 3

It's amazing.

굉장한데요. 난생 처음 프랑스의 루브르 박물관에 가서 레오나르도 다빈치의 모나리자를 실제로 봤어요. 나도 모르게 '아, 끝내준다!, 너무 멋지다! 굉장하다!' 같은 감탄이 나오겠죠? 이걸 영어로는 It's amazing.이라고 하면 돼요.

It's ~

잘 듣고 따라 하면서 패턴을 내 것으로 만드세요!

1 🎧 **It's amazing.**
[잇★ 어메이징]

★ amazing 놀라울 정도로 멋진, 굉장한

2 🎧 **It's exciting.**
[잇★ 익사이링]

3 🎧 **It's really interesting.**
[잇★ 뤼을리 인트뤠스팅]

4 🎧 **It's so cute.**
[잇★ 쏘우 큐트]

5 🎧 **It's too spicy.**
[잇★ 투우 스파이씨]

6 🎧 **It's too small for him.**
[잇★ 투우 스몰 포 힘(임)]

~한데요

기내　호텔　식당　쇼핑　관광지

굉장한데요.

신나는데요.

정말 흥미진진해요.

진짜 귀여워요.

> '진짜, 정말' 어떠하다고 할 때는 형용사 앞에 so나 really 등을 넣으면 돼요.

너무 매워요.

> '너무' 어떠하다고 부정적인 상태를 말할 때는 형용사 앞에 too를 쓰세요.

이 사람한테는 너무 작은데요.

~한데요

패턴을 활용해서 영어 말하기에 도전하세요.

1 🎤 **환상적인데요.**

2 🎤 **기묘한데요.**

★ 기묘한 weird

3 🎤 **좀 지루해요.**

★ 좀 지루한 a little boring

4 🎤 **진짜 아름답네요.**

5 🎤 **너무 비싸요.**

6 🎤 **(맛이) 너무 매워요. / (날씨가) 너무 덥네요.**

It's ~

It's fantastic.
[잇★ 팬태스틱]

It's weird.
[잇★ 위얼ㄷ]

It's a little boring.
[잇★ 어 리를 보어륑]

> '좀, 약간' 어떠하다고 말하고 싶을 때는 형용사 앞에 a little 또는 a little bit을 살짝 넣어보세요.

It's so beautiful.
[잇★ 쏘우 뷰우리플]

It's too expensive.
[잇★ 투우 익스펜씨ㅂ]

It's too hot.
[잇★ 투우 핫]

A

식당은 3층 로비 바로 옆에 있고요.

The dining area is right next to the lobby on the 3rd floor.

아침은 7시부터 9시까지입니다.

And breakfast is from 7 till 9 a.m.

B

완벽해요.

🎤 **It's perfect.**

★ **It's** perfect. [잇★ 펄ㅍ펙트]
작품이나 풍경 등을 보고 감탄하면서도 쓸 수 있고, 호텔 직원 등에게 안내사항을 전달 받은 뒤에 아주 긍정적으로 맞장구를 칠 때도 쓸 수 있는 표현이에요.

확인시키기

(그거) 제 거예요.

That's mine.

STEP 1

That

그것/저것 가까이 있는 사람이나 물건을 가리킬 때는 this, 좀 떨어져 있는 사람이나 물건을 가리킬 때는 that이라고 배웠던, 바로 그 지시대명사 that입니다. 우리말로 '그것, 저것' 정도로 쓰이죠.

STEP 2

That's

그거 ~예요 That을 주어로 쓸 때 be동사는 is를 쓰죠. That is, 줄여서 That's인데요. 뒤에는 형용사를 써서 소감을 말할 수도 있고, 명사를 써서 '그건 뭐다'라는 식으로도 쓸 수 있어요. 이 자리에서는 명사를 넣어 쓰는 데 집중해 보죠.

STEP 3

That's mine.

(그거) 제 거예요. 패스트푸드점에서 내 음식이 나와서 가져가려 하는데, 중간에 다른 사람이 착각해서 내 걸 가져가려 해요. 바로 그럴 때 That's 뒤에 mine(내 거)을 붙여 그거 내 거라고 확인시켜줄 필요가 있죠.

That's ~

잘 듣고 따라 하면서 패턴을 내 것으로 만드세요!

1 **That's mine.**
[댓★ 마인]

2 **That's not mine.**
[댓★ 낫 마인]

3 **That's my baggage.**
[댓★ 마이 배기쥐]

4 **That's my favorite color.**
[댓★ 마이 풰이버륕 컬러]

5 **That's the book I've been looking for.**
[댓★ 더 북 아입 빈 루킹 포]

6 **That's not what I ordered.**
[댓★ 낫 와라이 오덜ㄷ]

(그거) ~예요

기내　교통　호텔　길거리　식당　쇼핑　관광지

제 거**예요.**

제 게 아니**에요.**

'그거 ~아니에요'라고 확인시켜 줘야 할 때는 That's not ~을 쓰면 돼요.

제 짐**이에요.**

제가 제일 좋아하는 색깔**이네요.**

바로 제가 찾던 책**이에요.**

그건 제가 주문한 게 아닌**데요.**

165

(그거) ~예요

패턴을 활용해서 영어 말하기에 도전하세요.

1 🎤 제 자리**예요.**

★ 자리, 좌석 seat

2 🎤 **그건 제 노트북**이에요.

★ 노트북 laptop

3 🎤 **그건 제 사이즈가 아녜요.**

4 🎤 **그건 대답하기 곤란한 질문**이네요.

★ 대답하기 곤란한 질문 difficult question to answer

5 🎤 **바로 제가 정말 가고 싶은 곳**이에요.

★ 내가 정말 가고 싶은 곳 the place where I love to go

6 🎤 **제 말은 그게 아니었**어요.

★ 내 말의 의도, 내 말 뜻 what I meant

That's ~

That's my seat.
[댓ㅊ 마이 씨잍]

That's my laptop.
[댓ㅊ 마이 랩탑]

That's not my size.
[댓ㅊ 낫 마이 싸이ㅈ]

That's a difficult question to answer.
[댓ㅊ 어 디퓌컬ㅌ 쿠에스쳔 트 앤썰]

That's the place where I love to go.
[댓ㅊ 더 플레이ㅅ 웨어라이 럽 트 고우]

That's not what I meant.
[댓ㅊ 낫 와라이 멘ㅌ]

A

이건 당신 건가요?

Is it yours?

B

아뇨, 제게 아니에요.

🎤 **No, that's not mine.**

만족도 나타내기

이거/여기 좋네요.

This is good.

STEP 1

good/fine/okay

좋은/괜찮은 good과 fine은 말 그대로 '좋다'는 의미입니다. 그런 의미에서 괜찮다고 표현하는 거고요. 하지만 okay는 조금 다릅니다. okay는 정말 좋다는 얘기가 아니라 그만하면 그럭저럭 괜찮다거나 아무 문제없다는 의미이죠.

STEP 2

~ is good/fine/okay

~가 좋네요/괜찮네요 그래서 어떤 것이나 어떤 사안에 대해 '좋아요, 괜찮네요'라고 만족도를 나타내고 싶으면 ~ is good/fine을 쓰세요. 또, '아무 문제없다, 괜찮다'라고 상태나 상황을 나타내고 싶으면 ~ is okay를 쓰세요.

STEP 3

This is good.

이거/여기 **좋네요.** 식당에 들어가서 '이 식당 괜찮네, 좋다'라고 할 때, 음식을 먹으면서 '이거 맛있네'라고 할 때, 작품을 보거나 새로운 경험을 하면서 '이거 좋네'라고 할 때 모두 This is good. 한 마디면 해결되죠.

~ is good/fine/okay

잘 듣고 따라 하면서 패턴을 내 것으로 만드세요!

1 **This is good.**
[디ㅅ 이ㅈ 굳]

2 **This design is good for me.**
[디ㅅ 디자인 이ㅈ 굳 포 미]

3 **Any time after 6 pm is fine with me.**
[애니 타임 앱털 씩ㅅ 피엠 이ㅈ 퐈인 윋 미]

4 **Walking for an hour is okay for me.**
[워킹 포런아워 이ㅈ 오우케이 포 미]

5 **Is it okay to check out two hours late?**
[이ㅈ 잇 오우케이 트 체카웃 투- 아월ㅈ 레잍]

6 **I'm okay.**
[암 오우케이]

> I를 주어로 할 때는 동사를 am으로
> 해서 I'm이라고 하면 되죠.

170

~가 괜찮네요

기내　호텔　식당　쇼핑　관광지

이거/여기 **좋네요.**

이 디자인 전 **좋아요.**

오후 6시 이후에는 언제라도 **괜찮아요.**

한 시간 걷는 거 전 **괜찮아요.** (아무 문제없어요)

두 시간 늦게 체크아웃해도
괜찮나요?

> '~해도 괜찮냐? 아무 문제없냐?'고
> 확인하고 싶을 때는 <Is it okay to
> + 동사원형 ~?>

(별문제 없다는 의미로) 전 **괜찮아요.** /
(음식 등을 권하는 것에 대해) 전 **됐습니다.**

~가 괜찮네요

패턴을 활용해서 영어 말하기에 도전하세요.

1 🎤 이 셔츠 저한텐 **좋은데요.**

2 🎤 이것도 **괜찮은데요.**

* ~도 also

3 🎤 통로 자리도 **괜찮습니다.**

* 통로 자리 aisle seat

4 🎤 전 완전 **괜찮아요. (전혀 문제없어요)**

* 완전하게, 전적으로 perfectly

5 🎤 여기는 모든 것이 **좋아요. (아무 문제없어요)**

6 🎤 잠깐 호텔 앞에 주차해도 **괜찮나요?**

* 잠깐 for a little while

~ is good/fine/okay

기내　호텔　식당　쇼핑　관광지

This shirt **is fine** with me.
[디-셜트 이ㅈ 퐈인 윋 미]

This one **is also good.**
[디ㅅ 원 이ㅈ 올쏘우 굳]

An aisle seat **is good.**
[언 아일 씨잍 이ㅈ 굳]

I'm perfectly **okay.**
[암 펄풱ㅌ리 오우케이]

Everything here **is okay.**
[에브리띵 히얼 이ㅈ 오우케이]

Is it okay to park in front of the hotel for a little while? [이ㅈ 잍 오우케이 트 파알킨프론텁 더 호우텔 포러 리를 와이얼]

173

여행영어 패턴
실전 활용하기

24_3.mp3

A

좌석이 하나밖에 안 남았는데, 통로 쪽이에요.

We have only one. But it's an aisle seat.

B

통로 자리도 괜찮습니다.

🎙 **An aisle seat is good.**

24_4R.mp3

하루만 지나도 학습한 내용의 50%는 잊어버린다는 사실!
한 주 동안 익힌 표현들을 얼마나 말할 수 있는지 확인해 보세요.

1

D-10

여기서 기다려야 하나요?　🎤　wait here?

2

D-08

그건 제가 주문한 게 아닌데요.　🎤　not what I ordered.

3

D-12

버스 터미널에 어떻게 가요?　🎤　the bus terminal?

4

D-09

정말 흥미진진해요.　🎤　really interesting.

5

D-11

근처에 빵집 어디 아세요?　🎤　any bakeries around here?

6

D-07

두 시간 늦게 체크아웃 해도 괜찮나요?

🎤 _____ to check out two hours late?

7

D-11

엽서 살 만한 데가 어딘지 아세요?

🎤 _____ where I can buy postcards?

* postcard 엽서

8

D-12

(지도나 주소를 보여주며) 여기서 이곳은 어떻게 가요?

🎤 _____ this place from here?

9

D-09

너무 비싸요.

🎤 _____ too expensive.

10

D-10

현지 음식을 맛보려면 어디로 가야 하나요?

🎤 _____ go to enjoy some local food?

* enjoy some local food 현지 음식을 맛보다[즐기다]

맞은 갯수 ◯ 개/ 총 10개

모범답안 1 Should I   2 That's   3 How do I get to   4 It's   5 Do you know   6 Is it okay   7 Do you know   8 How do I get to   9 It's   10 Where should I

🔊 24_5R.mp3

이번에는 패턴을 대화에서 얼마나 잘 활용할 수 있는지 확인할 차례입니다.
대화속 주인공이 되어 색깔로 표시된 우리말을 영어로 바꿔 말해보세요.

1

D-08

A 이건 당신 건가요?

B 아뇨, 🎤 제게 아니에요.

2

D-10

A 🎤 곤돌라를 타려면 미리 예약을 해야 하나요?

B 아뇨, 미리 예약을 할 필요가 없어요.

3

D-12

A 🎤 여기서 시내 어떻게 가요?

B 죄송하지만, 모르겠네요. 저쪽에 안내소에 가서
   물어보시는 게 좋을 듯요.

모범 답안은 바로 뒷장에 있어요. 👉

영어를 확인하고 큰 소리로 말해보세요.

1

A Is it yours?

B No, 🎤 that's not mine.

2

A 🎤 Should I book a gondola ride in advance?

B No, it's not necessary to book in advance.

* It's not necessary to + 동사원형 ~할 필요가 없다

3

A 🎤 How do I get downtown from here?

B Sorry, I'm not sure. You should ask the information center over there.

4

A 좌석이 하나밖에 안 남았는데, 통로 쪽이에요.

B 🎤 통로 자리도 괜찮습니다.

5

A 식당은 3층 로비 바로 옆에 있고요. 아침은 7시
부터 9시까지입니다.

B 🎤 완벽해요.

6

A 저기요, 🎤 근처에 주유소 어디 아세요?

B 이 근처에는 없는 것 같고요. 이 길로 30분 정도
죽 운전해 가시면 오른편에 하나 나올 거예요.

모범 답안은 바로 뒷장에 있어요. 👉

⚡

영어를 확인하고 큰 소리로 말해보세요.

4

A   We have only one. But it's an aisle seat.

B   🎤 **An aisle seat is good.**

5

A   The dining area is right next to the lobby on the 3rd floor. And breakfast is from 7 till 9 a.m.

B   🎤 **It's perfect.**

6

A   Excuse me, 🎤 **do you know any gas stations around here?**

B   I'm afraid there's none nearby. Keep driving for about 30 minutes and you'll find one on the right.

콕 찍어서
예문 한번에 듣기!

●학습일 :   월   일

첫 경험이라고 말하기

여기 와보는 건 처음입니다.

It's my first time to be here.

STEP 1

my first time

난생 처음 난생 처음 겪어보는 일을 말할 때 영어에서는 my first time이라는 표현을 씁니다. 큰맘 먹고 떠나는 여행길엔 난생 처음 맛보는 일들이 많을 텐데요. 그래서 준비했습니다. 다음을 보시죠!

STEP 2

It's my first time to ~

~하는 건 처음이에요 어떤 이에겐 해외여행 자체가 처음일 수 있고, 또 어떤 이에겐 해외여행 와서 차를 렌트해보는 게 처음일 수도 있을 텐데요. 이렇게 '~하는 건/해보는 건 처음이다'는 <It's my first time to + 동사원형 ~>으로 표현할 수 있어요.

STEP 3

It's my first time to be here.

여기 와보는 건 처음입니다. 자, 그럼 한 문장만 맛보기로 연습해 보고 본격 훈련에 들어갈까요? 여기 와보는 건 처음이다, 즉 여기는 처음이라는 말이죠. It's my first time to 한 다음, '여기 와보다 be here'만 딱 갖다 붙이면 돼요.

It's my first time to ~

잘 듣고 따라 하면서 패턴을 내 것으로 만드세요!

1 🎧 **It's my first time to be here.**
[잇★ 마이 퓔슽 타임 트 비 히얼]

2 🎧 **It's my first time to be in India.**
[잇★ 마이 퓔슽 타임 트 비 인 인디아]

3 🎧 **It's my first time to have Thai food.**
[잇★ 마이 퓔슽 타임 트 햅 타이 풀]

4 🎧 **It's my first time to have this kind of food.** [잇★ 마이 퓔슽 타임 트 햅 디ㅅ 카인덥 풀]

5 🎧 **It's my first time to fly.**
[잇★ 마이 퓔슽 타임 트 플라이]

* fly 비행기를 타고 가다

6 🎧 **It's my first time to ride a camel.**
[잇★ 마이 퓔슽 타임 트 롸이더 캐멀]

182

~하는 건 처음이에요

기내　교통　식당　관광지

여기는(여기 와보는 건)
처음입니다.

> '여기 오다, 여기 와보다'는 그냥
> be here라고 하면 됩니다.

인도는(인도에 와보는 건)
처음이에요.

> '특정 장소/지역에 오다/와보다'는
> <be in + 장소/지역>으로 표현하세요.

태국 음식은 **처음 먹어봐요.**

이런 음식은 **처음 먹어봐요.**

전 비행기를 타는 게 **처음이에요.**

전 낙타를 타는 건 **처음이에요.**

~하는 건 처음이에요

패턴을 활용해서 영어 말하기에 도전하세요.

1 🎤 **해외여행은(해외여행 하는 건) 처음이에요.**

★ 해외여행하다 travel overseas

2 🎤 **유럽에서 차를 렌트하는 건 처음이에요.**

★ 차를 렌트하다 rent a car

3 🎤 **유레일 패스를 사용하는 건 처음이에요.**

★ 유레일 패스 Eurail pass (유레일 철도회사에서 유럽 관광객을 위해 발행하는 단기 철도 패스)

4 🎤 **오페라를 보는 건 처음이에요.**

5 🎤 **스키 타는 건 처음이에요.**

★ 스키를 타다 ski

6 🎤 **스노클링 하러 가는 건 처음이에요.**

★ 스노클링 하러 가다 go snorkeling

It's my first time to ~

기내   교통   식당   관광지

It's my first time to travel overseas.
[잇★ 마이 퓔숱 타임 트 츄래블 오우벌씨이ㅈ]

It's my first time to rent a car in Europe.
[잇★ 마이 퓔숱 타임 트 뤤터 카알 인 유-럽]

It's my first time to use a Eurail pass.
[잇★ 마이 퓔숱 타임 트 유-ㅈ 어 유뤠일 패ㅅ]

It's my first time to see an opera.
[잇★ 마이 퓔숱 타임 트 씨이 언 앞쁘뤄]

It's my first time to ski.
[잇★ 마이 퓔숱 타임 트 스끼이]

It's my first time to go snorkeling.
[잇★ 마이 퓔숱 타임 트 고우 스노오끌링]

실전 활용하기

여행영어 패턴

25.3.mp3

A

전 낙타를 타는 건 처음이에요.

🎤 **It's my first time to ride a camel.**

B

걱정하지 마세요. 그냥 꽉 잡고 있어요.
Don't worry. Just hold tight.

* hold tight 꽉 잡다

콕 찍어서 예문 한번에 듣기!

•학습일 : 　월　　일

선택 정보 묻기

어떤 게 더 좋나요?

Which one is better?

STEP 1

Which

어느 (것)/어떤 (것) Which는 명사처럼 '어느 것, 어떤 것'으로도 쓸 수 있고, 형용사처럼 뒤에 명사를 거느려 '어느, 어떤'이란 의미로도 쓸 수 있어요. 선택할 수 있는 게 여러 개 있는데 그 중에 '어느/어떤 것'인지를 물을 때 쓰죠.

STEP 2

Which one ~? / Which + N ~?

어떤 게 ~? / 어떤 N이 ~? 눈앞에 셔츠가 좌악 늘어서 있을 때 우리도 '어떤 게(Which one) ~하냐?'라고 묻기도 하고, '어떤 셔츠가(Which shirt) ~하냐?'라고 묻기도 하는 것처럼 Which one ~?과 Which + N ~?도 바로 그러한 표현의 차이랍니다.

STEP 3

Which one is better?

어떤 게 더 좋나요? 자, 그럼 연습 한번 해보죠. 옷가게에서 맘에 드는 셔츠를 두 개 골랐는데, 나한테 어떤 게 더 나은지를 묻고 싶어요. Which one이라고 한 다음, '더 좋다 is better'만 뒤에 갖다 붙이면 된답니다.

Which one ~?

잘 듣고 따라 하면서 패턴을 내 것으로 만드세요!

1 **Which one** is cheaper?
[위치 원 이ㅈ 취펄]

* cheap (가격이) 싼 (cheap - cheaper - cheapest)

2 **Which one** is better?
[위치 원 이ㅈ 베럴]

3 **Which one** is for me?
[위치 원 이ㅈ 포 미]

4 **Which toy** is the best choice for a 12-month old? [위치 토이 이ㅈ 더 베슽 초이ㅅ 포러 트웰브먼ㅆ 오울드]

5 **Which jazz bar** is best for a romantic evening? [위치 재ㅈ 바알 이ㅈ 베슽 포러 뤄맨틱 이브닝]

6 **Which line** should I take?
[위치 라인 슈다이 테읶]

어떤 게 ~?

 교통   호텔   쇼핑

어떤 게 더 싼가요?

어떤 게 더 좋나요?

나한테 맞는 건 **어떤 건가요?**

12개월 된 아이에게는 **무슨 장난감**이 제일 좋을까요?

어떤 재즈 바가 낭만적인 밤에 제일 잘 어울려요?

몇 호선을 타야 하나요?

어떤 게 ~?

패턴을 활용해서 영어 말하기에 도전하세요.

1 🎙 **어떤 게** 더 큰가요?

2 🎙 **어떤 게** 여자아이용인가요?

★ 여자아이용 for girls

3 🎙 **어떤 버스가** 소호로 가나요?

4 🎙 한국에 있는 친구들에게는 **어떤 선물이** 제일 좋을까요?

★ 선물, 기념품 souvenir

5 🎙 **어떤 브랜드가** 여기서 가장 인기가 있나요?

★ 인기 있는 popular (popular - more popular - most popular)

6 🎙 **어떤 식당을** 추천해 주시겠어요?

★ ~해 주시겠어요? Would you ~?

Which one ~?

교통　호텔　쇼핑

Which one is bigger?
[위치 원 이ㅈ 비걸]

Which one is for girls?
[위치 원 이ㅈ 포 거얼ㅈ]

Which bus goes to SoHo?
[위치 버ㅅ 고우ㅈ 트 쏘우호우]

Which souvenir is best for my friends
in Korea? [위치 쑤브니얼 이ㅈ 베슽 포 마이 프뤤진 커뤼아]

Which brand is the most popular here?
[위치 브랜ㄷ 이ㅈ 더 모우슽 팝퓰럴 히얼]

Which restaurant would you recommend?
[위치 뤠스터런ㅌ 우쥬 뤠커멘ㄷ]

191

A

저기요, 모마에 가려고 하는데요.

Excuse me, I'm going to the MoMA.

몇 호선을 타야 하나요?

🎤 **Which line should I take?**

B

B나 D, F, 혹은 M호선을 타고 47-50 스트리츠 록펠러 센터까지 가면 되세요.

You can take the B, D, F, or M to 47-50 Streets/ Rockefeller Center.

* take (교통편을) 이용하다

시간 확인하기

몇 시까지 하세요?

What time do you close?

STEP 1

What

무엇/무슨 What은 '무엇인지'를 물을 때 사용하는 대표적인 의문사이죠. 그 자체로 '무엇'이란 의미의 명사로도 쓰이지만, '무슨 색깔(What color)', '몇 시(What time)' 와 같이 형용사처럼도 쓰여 뒤에 명사를 취할 수 있어요.

STEP 2

What time ~?

몇 시 ~? What이 형용사처럼 뒤에 명사를 취하는 패턴 중 가장 흔히 쓰이는 것이 바로 시간을 묻는 What time ~?입니다. What time 뒤에 의문문을 써서 '몇 시에 ~하나?'고 시간을 확인하는 질문을 할 수 있죠.

STEP 3

What time do you close?

몇 시까지 하세요? 자, 오늘 여기저기 돌아다니다 보니 아직까지 저녁식사를 못했네요. 눈에 제일 먼저 들어오는 식당으로 가 몇 시에 문 닫냐고 한번 확인해 봅시다. What time이라고 한 다음, '당신은 문을 닫냐 do you close'만 붙여주면 됩니다.

193

INPUT

What time ~?

잘 듣고 따라 하면서 패턴을 내 것으로 만드세요!

1 **What time do you close?**
[왓 타임 두 유 클로우ㅈ]

2 **What time does it close?**
[왓 타임 더짓- 클로우ㅈ]

3 **What time can I check in?**
[왓 타임 캐나이 체킨]

4 **What time should I check out?**
[왓 타임 슈다이 체카웃]

5 **What time will it be over?**
[왓 타임 윌 잇 비 오우벌]

* be over 끝나다

6 **What time is the first train to Paris?**
[왓 타임 이ㅈ 더 쮈슽 츄뤠인 트 패러ㅅ]

몇 시 ~?

 교통 호텔 길거리 식당 쇼핑 관광지

몇 시까지 하세요?

> 몇 시에 문 여세요?
> What time do you open?

거긴 몇 시에 문을 닫나요?

> 거긴 몇 시에 문을 열어요?
> What time does it open?

몇 시에 체크인 할 수 있나요?

몇 시에 체크아웃 해야 하나요?

그건 몇 시에 끝나나요?

파리 행 첫 기차는 몇 시예요?

1 🎤 은행은 **몇 시에** 문을 닫나요?

2 🎤 뮤지컬은 **몇 시에** 시작되죠?

3 🎤 거기에 **몇 시까지** 가야 하나요?

4 🎤 **몇 시에** 돌아오면 돼요?

5 🎤 마지막 공연은 **몇 시**죠?

6 🎤 **몇 시**죠?

What time ~?

 교통 호텔 길거리 식당 쇼핑 관광지

What time does the bank close?
[왓 타임 더ㅈ 더 뱅ㅋ 클로우즈]

What time does the musical start?
[왓 타임 더ㅈ 더 뮤-지컬 스따알ㅌ]

What time should I be there?
[왓 타임 슈다이 비 데얼]

What time should I be back?
[왓 타임 슈다이 비 백]

What time is the last show?
[왓 타임 이ㅈ 더 래슬 쇼우]

What time is it?
[왓 타임 이짓-]

현재 시간을 물어볼 때 쓰는 전형적인 표현. 뒤에 now를 덧붙이기도 합니다.

197

A

몇 시에 체크아웃 해야 하나요?

🎤 **What time should I check out?**

B

낮 12시까지요.

By noon.

콕 찍어서 ☞
예문 한번에 듣기!

● 학습일 : 월 일

문제점 알리기

계산서가 잘못된 거 같은데요.

I think this bill is wrong.

STEP 1

think

생각하다 너무 유명해서 전 세계적으로 모르는 사람보다 아는 사람이 더 많은 동사 think입니다. '생각하다'란 뜻이란 거, 잘 알고 있으실 테고요. 주로 내 생각, 내 의견을 이야기할 때 I think ~ 형태로 많이들 쓰고 계시져? ^^

STEP 2

I think ~

~인 것 같아요 I think ~ 뒤에 문장을 넣어 말하면 '~라고 생각해요, ~인 것 같아요'라는 의미가 되어서, 그냥 다짜고짜 문장만 말하는 것보다 훠얼~씬 어감이 부드러워집니다. 해외여행을 할 때도 뭔가 잘못됐거나 이상한 점이 생기면 I think로 말을 시작해 보세요.

STEP 3

I think this bill is wrong.

계산서가 잘못된 **거 같은데요.** 식당에서 식사를 얼추 다 하고 계산서(bill)를 받았는데, 이런, 금액이 잘못 기입됐네요. 직원에게 말해야겠습니다. 일단 I think 한 다음, '이 계산서 잘못되어 있다 this bill is wrong'이라고 갖다 붙이면 되죠.

I think ~

잘 듣고 따라 하면서 패턴을 내 것으로 만드세요!

1 **I think** the WiFi isn't working.
[아이 띵ㅋ 더 와이퐈이 이즌ㅌ 워얼킹]

* work (기계 등이) 작동하다

2 **I think** the machine isn't working.
[아이 띵ㅋ 더 머신 이즌ㅌ 워얼킹]

3 **I think** something's wrong with the car.
[아이 띵ㅋ 썸띵ㅈ 뤙 윋 더 카알]

4 **I think** this went bad.
[아이 띵ㅋ 디ㅅ 웬ㅌ 배ㄷ]

* go bad (음식이) 상하다

5 **I think** this bill is wrong.
[아이 띵ㅋ 디ㅅ 비일 이ㅈ 뤙]

* bill 계산서

6 **I think** we're lost.
[아이 띵ㅋ 위어 러스ㅌ]

~인 것 같아요

기내   교통   호텔   길거리   식당   쇼핑   관광지

와이파이가 안 되는 것 **같아요.**

> 기계 등이 '돌아가다, 작동하다'고 할 때도 동사 work를 쓴다는 점, 꼭 기억하세요!

기계가 안 되는 것 **같아요.**

차에 문제가 있는 것 **같아요.**

이거 상한 거 **같아요.**

계산서가 잘못된 거 **같은데요.**

저희 길을 잃은 거 **같아요.**

> 저 길을 잃은 거 같은데요.
> I think I'm lost.

~인 것 같아요

패턴을 활용해서 영어 말하기에 도전하세요.

---

1 🎤 **에어컨이 안 되는 것 같아요.**

* 에어컨 air conditioner (줄여서 AC)

---

2 🎤 **인터넷이 안 되는 것 같아요.** •┄┄┄

> 인터넷은 항상 앞에 the를 붙여 말해요. 그리고 첫 글자 I는 항상 대문자로 쓰죠.

---

3 🎤 **이거 덜 익은 거 같아요.**

* 덜 익다 be not cooked very well

---

4 🎤 **이거 제가 주문한 게 아닌 거 같은데요.**

* 내가 주문한 것 what I ordered

---

5 🎤 **제 자리에 앉으신 거 같은데요.**

* 내 자리에 앉다 be in my seat

---

6 🎤 **프린터에 종이가 없는 것 같아요.**

* ~이 없다 there's no ~

I think ~

기내　교통　호텔　길거리　식당　쇼핑　관광지

I think the air conditioner isn't working.
[아이 띵ㅋ 디 에어 컨디셔널 이즌ㅌ 워얼킹]

I think the Internet isn't working.
[아이 띵ㅋ 디 인터넷(이너넷) 이즌ㅌ 워얼킹]

I think this is not cooked very well.
[아이 띵ㅋ 디씨-ㅈ 낫 쿡ㅌ 붸뤼 웨얼]

I think this is not what I ordered.
[아이 띵ㅋ 디씨-ㅈ 낫 와라이 오덜ㄷ]

I think you're in my seat.
[아이 띵ㅋ 유어린 마이 씨잍]

I think there's no paper in the printer.
[아이 띵ㅋ 데얼ㅈ 노우 페이펄 인 더 프린털]

A

이거 제가 주문한 게 아닌 것 같은데요.

🎤 **I think this is not what I ordered.**

전 아이스크림을 안 시켰어요.
I didn't order ice cream.

디저트로 브라우니를 하나 시켰는데요.
I ordered a brownie for dessert.

B

아, 확인해 보겠습니다.
Oh, let me check.

---

* Let me check. 식당이나 호텔 등에 뭔가 확인을 요청하거나 문제 제기를 했을 때 자주 들을 수 있는 말로, '확인해 보겠다'는 의미예요. 확인 후에는 친절하게 상황을 설명하고 문제를 해결해 줍니다.

•학습일 :   월   일

감사 인사하기

도와주셔서 감사합니다.

Thank you for your help.

STEP 1
Thank you.

감사합니다. 사람과의 관계에서 감사인사를 잘하는 것도 매우 중요한데요. 여행길에서도 마찬가지겠죠. 도움을 받았을 때는 Thank you.라고 한마디 정성스럽게 던지는 정도의 에티켓은 꼭 지켜보자고요!

STEP 2
Thank you for ~

~에 감사합니다 Thank you.라고만 해도 물론 감사를 전달할 수 있지만, 그래도 '휴대폰 빌려줘서 고맙다', '도와줘서 고맙다'라는 식으로 고마운 이유를 간단히 덧붙여 준다면 진심이 더 잘 전달될 거 같아요. 그럴 땐 Thank you for ~를 활용하세요.

STEP 3
Thank you for your help.

도와주셔서 감사합니다. Thank you for 뒤에는 고마운 이유를 명사나 동명사로 말해주면 되는데요. 물건을 빌려 썼든 길안내를 받았든, 도움을 받은 후에 가장 흔히 쓰는 감사인사는 Thank you for your help.죠.

Thank you for ~

잘 듣고 따라 하면서 패턴을 내 것으로 만드세요!

1 **Thank you for** the cell phone.
[땡큐 포 더 쎌 폰]

2 **Thank you for** the ride.
[땡큐 포 더 롸이드]

3 **Thank you for** your help.
[땡큐 포 유어 헬프]

4 **Thank you for** your kindness.
[땡큐 포 유어 카인니스]

5 **Thank you for** understanding.
[땡큐 포 언덜스땐딩]

6 **Thank you for** taking a picture with me.
[땡큐 포 테이킹 어 픽춸 윈 미]

* take a picture with ~와 사진을 찍다

~에 감사합니다

기내　교통　호텔　길거리　식당　쇼핑　관광지

휴대폰 감사합니다. (잘 썼어요.) ·········· 물건을 잠시 빌려 쓰고 돌려줄 때는 간단히 <Thank you for the 물건>.이라고만 해도 '빌려줘서 고맙다'는 의미가 충분히 전달되죠.

태워 주셔서 감사합니다.

도와주셔서 감사합니다.

친절을 베풀어 주셔서 감사합니다.

양해해 주셔서 감사합니다.

같이 사진 찍어 주셔서 감사합니다.

~에 감사합니다

패턴을 활용해서 영어 말하기에 도전하세요.

1 🎤 **펜** 감사합니다. (잘 썼어요.)

2 🎤 시간 내 주셔서 **감사합니다.**

3 🎤 배려해 주셔서 **감사합니다.**

* 배려 consideration

4 🎤 **다** 감사합니다.

5 🎤 기다려 주셔서 **감사합니다.**

6 🎤 그렇게 말씀해 주셔서 **감사합니다.**

Thank you for ~

Thank you for the pen.
[땡큐 포 더 펜]

Thank you for your time.
[땡큐 포 유어 타임]

Thank you for your consideration.
[땡큐 포 유어 컨씨더뤠이션]

Thank you for everything.
[땡큐 포 에브리띵]

Thank you for waiting.
[땡큐 포 웨이링]

Thank you for saying that.
[땡큐 포 쎄잉 댓]

A

그 식당은 별로예요. 너무 비싸고.
That's not good and too expensive.

여기서 한 블록만 가시면 루비스라고, 괜찮은 식당이 있어요.
There's a good restaurant called Ruby's a block away from here.

B

조언해 주셔서 감사해요.
🎤 **Thank you for your advice.**

★ **Thank you for** your advice. [땡큐 포 유어 얻봐이ㅅ]
  우리말로 '조언해 줘서 고맙다'고 하니까, 뭔가 상당히 딱딱한 느낌이 들지만, 사실은 친구나 가까운 사람에게 어떤 일에 대해 '코치해 줘서 고맙다'고 편하게 말할 때도 가볍게 쓸 수 있는 표현입니다.

급할 땐 한 마디로

땅콩은 빼 주세요.

Hold the peanuts, please.

완성형
패턴
1

~, please.

~(해) 주세요. I'd like (to) ~다, I need (to) ~다, Can I ~?다 Can you ~?다 이도저도 떠오르지 않을 때, 혹은 급할 때, 이럴 때는 그냥 원하는 음식명이나 물건명만 딱 말하고, 뒤에 please만 붙여 주세요. 그 음식/물건을 '주세요'라는 의미가 됩니다. 그런데 음식 주문할 때 특별히 가리는 게 있다면 <Hold + 음식재료, please>라고 말하세요. 그 재료는 빼달라는 의미가 됩니다.

완성형
패턴
2

Just ~.

~만 주세요. / ~뿐이에요. / ~하려고요. 초간단 패턴 하나 더! "뭘 드릴까요?"라고 묻는 점원의 말에 <Just + 원하는 것> 식으로 말하면 '그냥 ~만 달라'는 뜻이 됩니다. 또 "일행이 몇 분이냐?"는 말에 Just me.라고 하면 '나뿐이다'는 의미가 되고요. 방문 목적을 묻는 말에 Just sightseeing.이라고 답하면 '그냥 관광하려고 한다'는 의미가 되죠. 이렇게 Just 뒤에는 상대의 질문에 맞게 핵심명사나 핵심동사의 -ing형만 딱 붙여 주면 '~만 주세요', '~뿐이에요', '그냥 ~하려고요'라는 의미로 완벽한 답변이 됩니다.

~, please. / Just ~.

잘 듣고 따라 하면서 패턴을 내 것으로 만드세요!

1 **Hold the peanuts, please.**
[호울 더 피넛ㅊ 플리이ㅈ]

2 **For here, please.**
[포 히얼 플리이ㅈ]

3 **Chocolate ice cream, please.**
[촤컬릿 아이ㅅ 크림 플리이ㅈ]

4 **Just a glass of wine.**
[저슽 어 글래썹 와인]

5 **Just sightseeing.**
[저슽 싸잍씨-잉]

6 **Just sugar, please.**
[저슽 슈걸 플리이ㅈ]

~(해) 주세요./그냥 ~요.

기내   교통   호텔   식당   쇼핑   관광지

땅콩은 빼 주세요.

식당에서 음식을 주문할 때 Hold 뒤에 뺐으면 하는 재료를 말하면 됩니다. 알레르기가 있다고 말하려면 I'm allergic to ~ 뒤에 the 없이 재료를 말하면 되고요.

여기서 먹을게요.

패트스푸드점 등에서 먹고 가겠다고 할 때 쓰는 표현입니다.

초콜릿 아이스크림으로 주세요.

그냥 와인 한 잔만 주세요.

그냥 관광하려고요.

입국심사대에서 직원이 방문 목적을 물어볼 때도 이렇게 간단히 대답할 수 있어요.

설탕만 넣어 주세요.

~(해) 주세요. / 그냥 ~요.

패턴을 활용해서 영어 말하기에 도전하세요.

1 🎤 새우는 빼 **주세요.**

* 새우 shrimp (음식 재료로 말할 때는 불가산명사로 씀)

2 🎤 (패스트푸드점에서) 포장해 갈**게요.**

3 🎤 창가 자리로 **주세요.**

4 🎤 이것만 할**게요.**

5 🎤 **그냥** 가족을 방문하려고요.

* (친척을 포함한) 가족 relatives

6 🎤 저뿐입니다.

~, please. / Just ~.

기내　교통　호텔　식당　쇼핑　관광지

Hold the shrimp, please.
[호울 더 슈륌ㅍ 플리이ㅈ]

> 새우에 알레르기가 있어요.
> I'm allergic to shrimp.

To go, please.
[투 고우 플리이ㅈ]

> 패트스푸드점 등에서 테이크아웃해 간다고 할 때 쓰는 표현입니다.

Window seat, please.
[윈도우 씨읕 플리이ㅈ]

Just this one.
[저슽 디ㅅ 원]

Just visiting my relatives.
[저슽 뷔지딩(링) 마이 뤨러팁ㅈ]

Just me.
[저슽 미]

> 식당이나 호텔 등에서 인원을 물을 때 '나 혼자다, 한 명이다'라는 의미로 간단히 쓸 수 있어요.

215

A

톨 사이즈 커피 한 잔이랑 톨 사이즈 아이스 라떼 한 잔 주세요.

I'd like a tall coffee and a tall iced latte.

여기서 먹을게요.

🎤 **For here, please.**

B

네, 알겠습니다. 다른 건 더 (주문할 거) 없으세요?

Okay. Anything else?

---

* tall iced latte 톨 사이즈 아이스 라떼
* Anything else? 서비스 담당 직원이 고객의 요청을 받은 후에는 꼭 덧붙이는 표현이에요. Is there anything else you need?(다른 거 더 필요한 거 없으세요?), Is there anything else that I can help you with?(뭐 제가 더 도와드릴 거 없나요?)를 모두 줄여서 간단히 Anything else?라고 말할 수 있죠.

망각 방지1 : 문장 말하기 D-06~D-01

🎵 30_4R.mp3

하루만 지나도 학습한 내용의 50%는 잊어버린다는 사실!
한 주 동안 익힌 표현들을 얼마나 말할 수 있는지 확인해 보세요.

1
D-04

파리 행 첫 기차는
몇 시예요?

🎤 _____ is the first train to Paris?

2
D-01

그냥 관광하려고요.

🎤 _____ sightseeing.

3
D-06

해외여행은 처음이에요.

🎤 _____ travel overseas.

* travel overseas 해외여행하다

4
D-02

친절을 베풀어 주셔서
감사합니다.

🎤 _____ your kindness.

5
D-03

계산서가 잘못된 거
같은데요.

🎤 _____ this bill is wrong.

* bill 계산서

6

D-06

이런 음식은 처음
먹어봐요.

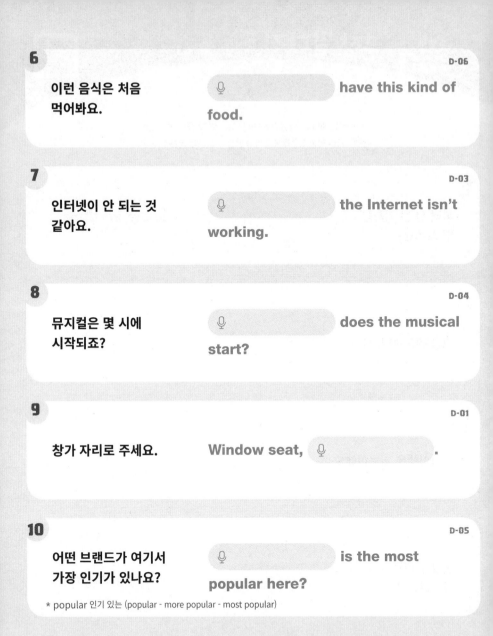 have this kind of
food.

7

D-03

인터넷이 안 되는 것
같아요.

the Internet isn't
working.

8

D-04

뮤지컬은 몇 시에
시작되죠?

does the musical
start?

9

D-01

창가 자리로 주세요.

Window seat, .

10

D-05

어떤 브랜드가 여기서
가장 인기가 있나요?

is the most
popular here?

* popular 인기 있는 (popular - more popular - most popular)

✍ 맞은 갯수 　 개/ 총 10개

모범답안 **1** What time　**2** Just　**3** It's my first time to　**4** Thank you for　**5** I think　**6** It's my first time
to　**7** I think　**8** What time　**9** please　**10** Which brand

218

🎵 30_5R.mp3

이번에는 패턴을 대화에서 얼마나 잘 활용할 수 있는지 확인할 차례입니다.
대화속 주인공이 되어 색깔로 표시된 우리말을 영어로 바꿔 말해보세요.

1

D-06

A 🎤 **전 낙타를 타는 건 처음이에요.**

B 걱정하지 마세요. 그냥 꽉 잡고 있어요.

2

D-02

A 그 식당은 별로예요. 너무 비싸고. 여기서 한 블록만 가시면 루비스라고, 괜찮은 식당이 있어요.

B 🎤 **조언해 주셔서 감사해요.**

3

D-04

A 🎤 **몇 시에 체크아웃 해야 하나요?**

B 낮 12시까지요.

모범 답안은 바로 뒷장에 있어요. 👉

영어를 확인하고 큰 소리로 말해보세요.

1

A 🎤 It's my first time to ride a camel.

B Don't worry. Just hold tight.

* hold tight 꽉 잡다

2

A That's not good and too expensive.
There's a good restaurant called
Ruby's a block away from here.

B 🎤 Thank you for your advice.

3

A 🎤 What time should I check out?

B By noon.

4

A 톨 사이즈 커피 한 잔이랑 톨 사이즈 아이스 라떼 한 잔 주세요. 🎤 여기서 먹을게요.

B 네, 알겠습니다. 다른 건 더 없으세요?

5

A 저기요, 모마에 가려고 하는데요. 🎤 몇 호선을 타야 하나요?

B B나 D, F, 혹은 M호선을 타고 47-50 스트리츠 록펠러 센터까지 가면 되세요.

6

A 🎤 이거 제가 주문한 게 아닌 것 같은데요. 전 아이스크림을 안 시켰어요. 디저트로 브라우니를 하나 시켰는데요.

B 아, 확인해 보겠습니다.

모범 답안은 바로 뒷장에 있어요. 👉

⚡

영어를 확인하고 큰 소리로 말해보세요.

4

A I'd like a tall coffee and a tall iced latte. 🎤 **For here, please.**

B Okay. Anything else?

* tall iced latte 톨 사이즈 아이스 라떼

5

A Excuse me, I'm going to the MoMA. 🎤 **Which line should I take?**

B You can take the B, D, F, or M to 47-50 Streets/Rockefeller Center.

* take (교통편을) 이용하다

6

A 🎤 **I think this is not what I ordered.** I didn't order ice cream. I ordered a brownie for dessert.

B Oh, let me check.

현직 동시통역사에게 직접 배우는
66일 영어회화 비밀과외

부록

· 66일 혼공노트(합본)

· 원어민 mp3 파일

현직 동시통역사 영어 유튜버 '갱마쌤'의
입과 귀가 열리는 영어 말하기 체득법
부록 | 영어 습관을 완성하는 66일 혼공노트

장경미 지음 | 356쪽 | 15,000원

누적 193만 뷰 화제의 영어 말하기 체득법

소리로 **영어의 귀**를 열고, 회화패턴으로 **기초 체력**을 키우고,
관용표현으로 **영어회화 감각**을 완성한다!

| 난이도 | 첫걸음 | 초급 | 중급 | 고급 | | 기간 | 66일, 하루 15분 |

| 대상 | 매일 꾸준한 학습을 통해 영어의 귀와 입을 열고 싶은 분 | | 목표 | 영어회화 성공을 위한 66일 습관 장착하기 |

네이티브는 쉬운 영어로 말한다
200대화 편

부록

· **mp3파일**
무료 제공

구슬 지음 | 596쪽 | 16,500원

30만 구독자 유튜버 구슬쌤의 실전 영어회화 바이블

네이티브가 매일 같이 쓰는 **일상대화 200개**,
쉬운 영어로 센스 있고 **자신 있게** 말한다!

| 난이도 | 첫걸음 | 초급 | 중급 | 고급 | | 기간 | 하루 15분, 대화문 1개 |
| 대상 | 네이티브처럼 센스있는 대화를 구사하고 싶은 누구나 | | | | | 목표 | 외국인과 영어로 자연스럽게 대화하기 |

해외여행 D-30,
1일 1패턴으로 빈틈없이 준비!

시간 많이 안 뺏어.
하루에 10분만!

오늘부터 딱 30일만
공부하고 떠나자!

여행에 꼭 필요한
30패턴만 담았다!

필요한 부분만 쏙
뜯어서 가방에 쏙~!

② 현지 도착해서 바로 쓰는
여행정보 & 상황별 표현사전

1일 1패턴

여행영어

이민호 · 이지톡연구소 공저

D-DAY 여행실전편

길벗
이지:톡

하루에 딱 하나만!
30일 후면 나도 자유여행 간다!

1일 1패턴 여행영어

이민호 · 이지톡연구소 공저

[여행실전편] 구성 및 활용법 ✏️

알아두면 쓸모 있는 **알짜 여행정보**

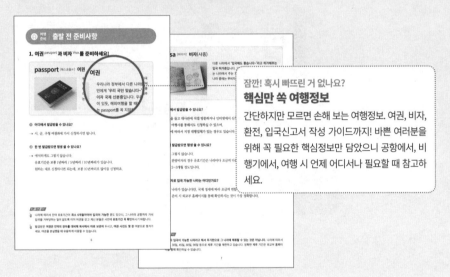

잠깐! 혹시 빠뜨린 거 없나요?

핵심만 쏙 여행정보

간단하지만 모르면 손해 보는 여행정보. 여권, 비자, 환전, 입국신고서 작성 가이드까지! 바쁜 여러분을 위해 꼭 필요한 핵심정보만 담았으니 공항에서, 비행기에서, 여행 시 언제 어디서나 필요할 때 참고하세요.

📖 여행 상황별로 정리한 **미니 표현사전**

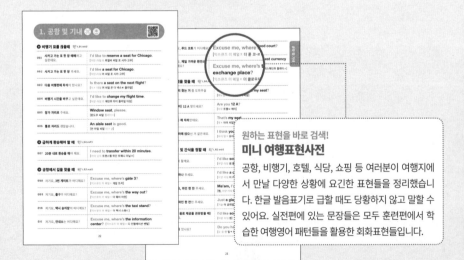

원하는 표현을 바로 검색!

미니 여행표현사전

공항, 비행기, 호텔, 식당, 쇼핑 등 여러분이 여행지에서 만날 다양한 상황에 요긴한 표현들을 정리했습니다. 한글 발음표기로 급할 때도 당황하지 않고 말할 수 있어요. 실전편에 있는 문장들은 모두 훈련편에서 학습한 여행영어 패턴들을 활용한 회화표현들입니다.

[여행실전편] 차례 🔍

4. 길거리 🚏

5. 식당 🍽

1. 여권 passport 과 비자 Visa 를 준비하세요!

passport [패스포올트] 여권

우리나라 정부에서 다른 나라를 여행하고자 하는 자국민에게 '우리 국민 맞습니다~'라고 보증해주는 증명서이자 국제 신분증입니다. 우리나라에서는 주민등록증이 있듯, 해외여행을 할 때는 국적과 신분을 증명해주는 passport를 꼭 지참하고 다녀야 해요.

❶ 어디에서 발급받을 수 있나요?

···▶ 시, 군, 구청 여권과에 가서 신청하시면 됩니다.

❷ 한 번 발급받으면 평생 쓸 수 있나요?

···▶ 애석하게도 그렇지 않습니다.

유효기간은 보통 1년짜리 / 5년짜리 / 10년짜리가 있습니다.

원하는 대로 신청하시면 되는데, 보통 10년짜리로 많이들 신청하죠.

앗, 요건주의!

👆 나라에 따라서 잔여 유효기간이 **최소 6개월이어야 입국이 가능한** 곳도 있으니, 그 나라의 공항까지 가서 입국을 거부당하는 일이 없도록 이미 여권을 갖고 계신 분들은 사전에 **유효기간 꼭 확인**하시기 바랍니다.

✌ 발급받은 **여권은 만약의 경우를** 대비해 복사해서 따로 보관해 두시고, **여권 사진도 몇 장** 여분으로 챙겨가세요. 여권을 분실했을 때 유용하게 이용할 수 있습니다.

Visa [뷔이자] 비자(사증)

다른 나라에서 '입국해도 좋습니다~'라고 허가해주는 **입국 허가증입니다.** 그러니 Visa는 당연 여행하고자 하는 나라에서 주는 거죠. 우리나라 사람들이 자주 가는 나라 중에는 무비자로 입국이 가능한 곳도 많습니다.

❶ 어디에서 발급받을 수 있나요?

⋯▶ 여권을 들고 대사관에 직접 방문하거나 인터넷에서 신청하시면 됩니다.

물론 여행사를 통해서도 신청하실 수 있으며,

나라에 따라서 지정 대행업체가 있는 경우도 있습니다.

❷ 한 번 발급받으면 평생 쓸 수 있나요?

⋯▶ 역시 그렇지 않습니다.

특히 관광비자의 경우 유효기간은 나라마다 조금씩 다른데,

보통 2~3개월 정도입니다.

❸ 무비자로 입국 가능한 나라는 어디인가요?

⋯▶ 여러 나라가 있습니다만, 국제 정세에 따라 조금씩 변할 수 있기 때문에

비자 준비 시 외교부 홈페이지를 통해 확인하시는 것이 가장 정확합니다.

앗,요건주의!

👆 **무비자 입국이 가능한 나라라고 해서 무기한으로 그 나라에 체류할 수 있는 것은 아닙니다.** 나라에 따라서 15일, 30일, 45일, 60일, 90일 등으로 체류 기간을 제한하고 있습니다. 정확한 체류 기간은 외교부 홈페이지를 통해 확인하실 수 있습니다.

2. 공항에 가기 전에 미리 환전 currency exchange 해 두면 좋아요!

currency exchange [커륀씨 익스췌인쥐] 환전

여행 시 필요한 경비를 그 나라의 돈으로 좀 바꿔가야 겠죠? 미국은 U.S. 달러화, 영국은 파운드화, 유럽은 유로화, 일본은 엔화, 중국은 위안화 등등으로 말이죠. 나라에 따라서는 일단 U.S. 달러화로 바꿔 출국 후 현지에서 다시 환전하는 것이 유리한 경우도 있고, U.S. 달러화를 선호하는 경우도 있습니다.

앗,요건주의!

🖐️ 인천공항에도 여러 은행의 환전소가 있지만, 수수료가 전국에서 가장 비싸다고 해요. 그러니 이왕이면 공항에 가기 전에 미리 환전해 가는 게 좋겠죠?

🖐️ 해외여행 가서 동전은 가능한 다 쓰고 오세요. 미처 다 쓰지 못했다면 현지에서 지폐로 바꿔올 수 있는 건 바꿔서 들어오는 게 좋습니다. 국내 은행에서는 주로 U.S. 달러화와 엔화(수수료를 50% 정도나 뗌) 외에는 다른 나라의 동전을 우리 돈으로 바꿔주지 않거든요. 은행에 따라 유로, 홍콩 달러, 영국 파운드, 호주 달러, 캐나다 달러, 스위스 프랑도 바꿔주긴 하지만 역시 수수료를 50% 정도나 뗀답니다.

traveler's check [츄뤠블러ㅅ 췍] 여행자 수표

환전 하면 보통 그 나라 돈으로 바꾸는 것만 생각하는데, **여행자 수표로 바꿔 가는 방식도** 생각해 볼 수 있습니다. 현금 환전보다 살 때나 팔 때 수수료가 가장 적게 든다(단, 발행업체에 직접 가서 환전하지 않으면 추가 수수료 발생)는 이점도 있고, 사용 시 서명이 필요하기 때문에 도난 시에 구제받을 수 있다는 장점도 있어요.

앗,요건주의!

🖐️ 여행자 수표를 취급하지 않는 국가도 있고, 취급한다 해도 해당 매장에서 받지 않는 경우도 있으므로 잘 확인해본 다음 써야 한다는 번거로움이 있습니다.

현지에서 여행자 수표를 쓰기 전에 💬 | **여행자 수표 받아요?**
Are you taking traveler's checks? [아유 테이킹 츄뤠블러ㅅ 췍스]

credit card [크뤠딧 카알ㄷ] 신용카드

현금이고 여행자 수표고 다 번거롭다 하시는 분은 신용카드를 챙겨가는 방법도 있겠습니다. 단, **신용카드는 환전 수수료가 비싸다는 점**, 그리고 사용 시점이 아니라 결제 시점의 환율에 의해 금액이 결정된다는 점을 알아두세요!

앗,요건주의!

👆 매장에 따라 신용카드를 받지 않는 곳도 있습니다. 때문에 신용카드를 이용한다 하더라도 기본적으로 현금은 어느 정도 챙겨가는 것이 좋아요.

현지에서 신용카드를 쓰기 전에 💬 | **신용카드로 계산해도 되나요?**
Can I pay by credit card? [캐나이 페이 바이 크레딧 카알ㄷ]

debit card of citybank [데빗 카알ㄷ 옾 씨티(리)뱅ㅋ]
시티은행 현금카드

시티은행은 세계 곳곳에 포진해 있어서 어디를 가든 현금지급기를 찾기가 쉽습니다. 그러니 여행 떠나기 전에 **시티은행에 통장을 개설해 쓸 돈을 넣어두고, 현지에서 시티은행 현금카드로 돈을 찾아 쓰는 방식**도 생각해 볼 수 있죠. 현금 환전보다는 수수료가 좀 더 비싸지만 신용카드보다는 수수료가 적기 때문에 체류기간이 길거나 여행 경비를 많이 가져가고자 할 때 편리하고 안전한 방법이 될 수 있겠습니다.

3. 짐을 쌀 때는 수화물용 ᵇᵃᵍᵍᵃᵍᵉ 과 휴대용 ᶜᵃʳʳʸ⁻ᵒⁿ 을 구분하세요!

baggage/luggage [배기쥐]/[러기쥐] 수화물용 짐

들고 나가는 짐이 별로 없으면 상관없지만, 해외여행 한 번 떠나면 챙겨나가는 짐도 제법 되잖아요. 규정상 짐을 무한정 다 들고 기내에 탈 순 없답니다. **귀중품 및 고가품과 당장 이동하면서 쓰는 물건들 외에는 따로 챙겨 데스크에서 짐을 보내고(check-in 체크인), 현지 공항에 도착해 찾으세요.** 이런 짐을 영어로는 baggage 또는 luggage라고 합니다.

앗,요건주의!

👆 항공권마다 체크인 가능한 짐의 크기 및 무게, 수량이 정해져 있으니 규정을 잘 알아보고 수화물용 짐을 꾸리세요.

carry-on [캐뤼온] 휴대용

기내에 들고 탈 수 있는 짐은 대개 **작은 사이즈의 기내용 캐리어 하나와 노트북 가방 하나** 정도로 한정됩니다.

앗,요건주의!

👆 항공법상 액체나 날카로운 물건, 스프레이 등은 기내 반입이 금지되어 있으니, 수화물용 짐으로 챙기세요. 이밖에도 여러 기내 반입 금지 품목이 있으니, 인터넷 검색을 통해 꼭 확인한 다음, 짐을 꾸리시길…

1. 공항에서 볼 수 있는 기본적인 표지판

Departure(s)
[디파알칠(ㅅ)]
출국

Arrival(s)
[어라이벌(ㅅ)]
입국

Check-in
[체킨]
체크인 카운터

Baggage Claim
[배기쥐 클레임]
수화물 찾는 곳

Gate
[게잍]
탑승구

Transfer
[츄뤤ㅅ펄]
환승
(= Connecting Flights)

Passport Control
[패트포올ㅌ 컨츄로울]
입국심사
(= Immigration)

Customs
[커ㅅ텀ㅈ]
세관

DUTYFREE
[듀디ㅍ뤼]
면세점

Sleep Zone
[슬리잎 조운]
수면실

Smoking area
[ㅅ모우킹 에어뤼어]
흡연실

2. 공항 출국부터 입국까지 수속 과정은 이렇게!

❶ 체크인 데스크에서

탑승 수속

공항에 도착하면 제일 먼저 가야 할 곳. 수화물을 부치고, 비행기 좌석을 따로 지정 안 했을 경우 좌석 선택까지 확정하는 곳입니다. 여권과 항공 티켓을 제시하셔야 해요.

잠깐! 항공기 출발 3시간, 늦어도 2시간 전에는 공항에 도착해 체크인 데스크로 가세요. 항공기 출발 1시간 전부터는 탑승 수속이 불가해요.

❷ 보안검색대에서

출국 수속

탑승 수속이 끝나면 보안검색대로 가서 출국 수속을 하세요. 이곳은 휴대용 짐에 반입 금지 물품이 있는지, 몸에 반입 금지 물품이 있는지를 검색하는 곳입니다.

❸ 출입국관리소에서

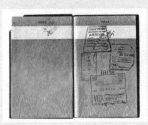

출국 수속

보안검색대를 지나면 바로 출입국관리소입니다. 여권에 도장을 받고 지나가시면 출국 수속 완료!

잠깐! 출국 수속을 마치고 나오면 넓은 로비에 면세점, 카페, 식당, 휴식 공간, 대기 공간 등이 보일 거예요. 탑승 시간이 한참 남았다면 이곳에서 자신의 스타일에 맞게 시간을 보내시면 되죠.

④ 게이트(탑승구) 및 보딩브리지를 통해

탑승

비행기에 탑승하려면 **최소 출발 30분 전에는 출발 게이트(전광판이나 항공 티켓에서 번호 확인)에 도착해야** 합니다. 항공사 직원에게 여권과 항공 티켓을 보여주고 **복도처럼 생긴 보딩 브리지를 통과**하면 바로 기내로 이어지죠.

목적지 도착!

⑤ 입국심사대에서

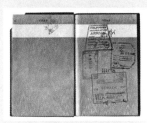

입국 심사

비행기에서 내려 입국(Arrival) 로비를 통하면 자연스럽게 입국심사대로 이어집니다. 기내에서 미리 작성한 **입국신고서를 제출합니다.**

잠깐! 외국인과 자국민의 심사대 입구가 다르니 잘 확인하고 줄을 서세요.

⑥ 짐 찾는 곳에서

짐 찾고, 세관 신고

이제 짐 찾는 곳(Baggage Claim)에서 짐을 찾고, 세관(Customs)으로 가서 기내에서 미리 작성한 세관신고서를 제출하고 공항을 나오면 본격 해외여행 시작~!

잠깐! 항공편 별로 짐을 찾는 곳이 다르니, 길목에 적혀 있는 번호를 잘 확인하고 찾아가세요.

1. 입국신고서

Immigration Card [이미그뤠이션 카알드] 입국신고서

▶ 영국 입국신고서

Disembarkation Card 혹은 Landing Card라고도 하는 입국신고서는 목적지에 도착하기 전에 승무원이 나눠줍니다. **이름, 성별, 국적 등 간단한 인적사항과 여행지에 머물 장소를 기입하면 돼요.**

앗, 요건주의!

👆 미국을 포함해 따로 입국신고서를 작성하지 않는 국가도 있지만, 입국신고서를 작성하는 국가도 많으니, 대표적인 표현은 알아놓는 게 자신 있게 여행하는 데 도움이 되죠.

14

✻ 영문 대문자로 작성하는 게 기본 원칙 ✻ 여권에 있는 내용은 여권과 동일하게 작성 (세관신고서도 동일 적용)

❶ Family name 성

LEE

❷ First name 이름

MINHO

❸ Sex 성별

☑ M ☐ F

• 남(male) 여(female)

❹ Date of birth 생년월일

D	D	M	M	Y	Y	Y	Y
1	9	1	2	1	9	8	3

일(Day)   월(Month)   년(Year)

❺ Town and country of birth 출생지 (굳이 쓸 필요없음)

❻ Nationality 국적

KOREA

❼ Occupation 직업

BUSINESS PERSON

✻ Occupation란은 복잡하게 생각하지 말고, 다음 3가지 중 하나를 선택해 기입
• 회사원 BUSINESS PERSON   • 학생 STUDENT   • 주부 HOUSEWIFE

❽ Contact address in the UK 영국(UK) 내 연락 주소

THE TOWER HOTEL IN LONDON

✻ <숙소명 IN 도시명>의 형태로 기입, 친구나 친척 집에 머무는 경우 주소 기입

❾ Passport no. 여권번호

M123456789

❿ Place of issue 여권 발행 국가

KOREA

⓫ Length of stay in the UK 영국(UK) 체류 기간(Length of stay)

9 DAYS

⓬ Port of last departure 최종 출발지

INCHEON

⓭ Arrival flight/train number/ship name 입국 항공편/열차편 번호/선박명

KA386

⓮ Signature 서명

이민호

2. 세관신고서

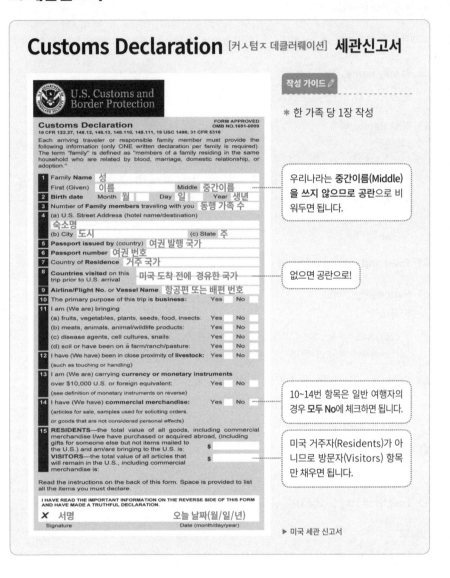

Customs Declaration [커스텀즈 데클러뤠이션] 세관신고서

우리나라는 **중간이름(Middle)**을 쓰지 않으므로 공란으로 비워두면 됩니다.

없으면 공란으로!

10~14번 항목은 일반 여행자의 경우 모두 **No**에 체크하면 됩니다.

미국 거주자(Residents)가 아니므로 방문자(Visitors) 항목만 채우면 됩니다.

작성 가이드 ✎

* 한 가족 당 1장 작성

▶ 미국 세관 신고서

---

10. 이번 여행의 일차적 목적은 비즈니스임 11. 본인은(우리는) 다음을 휴대하고 있음 (a) 과일, 채소, 식물, 종자, 식품, 곤충 (b) 육류, 동물, 동물/야생동물 제품 (c) 병원체, 세포 배양물, 달팽이 (d) 흙 또는 농장/목장/목초지를 다녀왔음 12. 본인은(우리는) 가축과 가까이 지냈음 (만지거나 다루는 등) 13. 본인은(우리는) 미화 1만 달러 이상 또는 그에 상당한 외화금액의 통화 또는 금전적 수단을 소지하고 있음 (금전적 수단의 정의는 뒷면 참조) 14. 본인은(우리는) 상업용 물품을 가지고 있음 (판매할 상품, 주문을 청하기 위해 사용하는 견본, 또는 개인용품으로 간주되지 않는 물건들) 15. 방문자 - 상업용 물품을 포함하여 미국에 남겨둘 모든 물건의 총가액은?

여행 준비 | 생존표현: 돈

금액 ❶

*seven dollars twenty cents(7달러 20센트)라고 정확히 말하기보다는 아래와 같이 간단히 말하는 게 보통

금액 표기	금액 읽기	의미
$7.20	**seven twenty** [쎄븐 트웨니]	7달러 20센트
$9.05	**nine o five** [나인 오 파입] *nine five (X)	9달러 5센트
$16.09	**sixteen o nine** [씩스틴 오 나인] *sixteen nine (X)	16달러 9센트
$58.99	**fifty-eight ninety-nine** [핍티 에잇 나이니 나인]	58달러 99센트

금액 ❷

*미국에서는 dollar[달러]를 buck[벅]이라고도 자주 말함

금액 표기	금액 읽기	의미
$1,300	**thirteen hundred** [떠얼티인 헌드렏] 간략버전 **one thousand three hundred dollars/bucks** [원 따우즌 뜨리 헌드렏 달럴ㅈ/벅ㅅ] 정식버전	1300달러
$2,500	**twenty-five hundred** [트웨니 파입 헌드렏] 간략버전 **two thousand five hundred dollars/bucks** [투 따우즌 파입 헌드렏 달럴ㅈ/벅ㅅ] 정식버전	2500달러

미국 동전 종류

*동전은 보통 quarter를 제일 많이 사용함

1센트 동전 / **penny** [페니]
5센트 동전 / **nickel** [니끌]
10센트 동전 / **dime** [다임]
25센트 동전 / **quarter** [쿠어럴]

지폐(bill) 종류

*미국 지폐의 종류는 아주 많은데, 다음과 같이 bill 앞에 액수를 넣어 말함

10달러짜리 지폐 **ten dollar bill** [텐 달러 비일]
100달러짜리 지폐 **one hundred dollar bill** [원 헌드렏 달러 비일]

절취선

17

요일

월요일	**Monday** [먼데이]	토요일	**Saturday** [쌔러데이]
화요일	**Tuesday** [튜ㅈ데이]	일요일	**Sunday** [썬데이]
수요일	**Wednesday** [웬ㅈ데이]	평일	**Weekday** [윅데이]
목요일	**Thursday** [떨ㅈ데이]	주말	**Weekend** [위켄ㄷ]
금요일	**Friday** [프라이데이]	공휴일	**Holiday** [헐리데이]

월 / 일

* 4일~20일까지는 각 숫자 뒤에 -th를 붙임
* 21일~31일까지는 각각 twenty와 thirty 뒤에 1일~9일의 숫자를 붙임

1월	**January** [제뉴어리]	1일	**First (1st)** [펄ㅅㅌ]
2월	**February** [쀄뤄리]	2일	**Second (2nd)** [쎄컨ㄷ]
3월	**March** [마알취]	3일	**Third (3rd)** [떨ㄷ]
4월	**April** [에이쁘릴]	4일	**Fourth (4th)** [포얼ㄸ]
5월	**May** [메이]	5일	**Fifth (5th)** [핍ㄸ]
6월	**June** [쥬운]	6일	**Sixth (6th)** [씩ㅅㄸ]
7월	**July** [쥴라이]	9일	**Ninth (9th)** [나인ㄸ]
8월	**August** [어거슽]	10일	**Tenth (10th)** [텐ㄸ]
9월	**September** [쎕템벌]	11일	**Eleventh (11th)** [일레븐ㄸ]
10월	**October** [악토벌]	21일	**Twenty-first (21st)** [트웨니 펄ㅅㅌ]
11월	**November** [노우뷈벌]	27일	**Twenty-seventh (27th)** [트웨니 쎄븐ㄸ]
12월	**December** [디쎔벌]	31일	**Thirty-first (31st)** [떠리 펄스트]

여행 준비 | 생존표현: 시간 및 그 밖에 번호

시간

* 시각과 분으로 구별해 숫자를 그대로 말함
* 오전, 오후를 명확히 구분하고자 할 때는 a.m.(오전), p.m.(오후)을 뒤에 붙임
* 정각에서 앞뒤로 5~15분 정도의 시간은 before/to(~전), past/after(~후) 등을 활용해 말하기도 함

2:47	**two forty-seven** [투 포리 쎄븐]		10:55	**five before/to eleven** [파입 비포/트 일레븐] ＊우리말의 '11시 5분 전'
12:07	**twelve o seven** [트웰브 오 쎄븐]		10:50	**ten before/to eleven** [텐 비포/트 일레븐] ＊우리말의 '11시 10분 전'
오전 9:30	**nine thirty a.m.** [나인 떠리 에이엠]		11:10	**ten past/after eleven** [텐 패스트/앺터 일레븐]
밤 10:55	**ten fifty-five p.m.** [텐 핍티 파입 피엠]		11:15	**a quarter past/after eleven** [어 쿼럴 패스트/앺터 일레븐] ＊15분은 a quarter로 말하기도 함

전화번호

* 우리말과 똑같이 숫자 한 자 한 자를 말함
* 0은 zero라고도 하지만 대개 O[오]라고 읽음

123-456-7089
one two three / four five six / seven o eight nine
[원 투 뜨리 / 포 파입 씩ㅆ / 쎄븐 오 에잍 나인]

82-10-5302-4321
eight two / one zero / five three o two / four three two one
[에잇 투 / 원 지로우 / 파입 뜨리 오 투 / 포 뜨리 투 원]

호텔방 번호

* 세 자리일 경우 한 자 한자 차례대로
* 네 자리일 경우 두 자리씩 끊어서

501호	**five o one** [파입 오 원]
211호	**two one one** [투 원 원] **two eleven** [투 일레븐] ＊한 자, 두 자씩 끊어 읽어도 됨
1201호	**twelve o one** [트웰브 오 원]

항공편

* 알파벳 읽고 뒤의 숫자는 한 자 한 자 차례대로

KA386	**KA three eight six** [케이에이 뜨리 에잇 씩ㅅ]
AA5771	**AA five seven seven one** [에이에이 파입 쎄븐 쎄븐 원] **AA fifty-seven seventy-one** [에이에이 핖티 쎄븐 쎄브니 원] ＊네 자리인 경우 두 자리씩 끊어 읽어도 됨

💬 얼마예요?

How much is it?

[하우 머취 이짓]

💬 그냥 둘러보는 거예요, 고마워요.

I'm just looking around, thanks.

[암 저슽 루킹 어롸운ㄷ 땡ㅅ]

💬 이걸로 주세요.

This one, please.

[디ㅅ 원 플리이ㅈ]

💬 이거 좀 도와주실래요?

Can you help me with this?

[캐뉴헬ㅍ미 윋 디ㅅ]

💬 신용카드로 계산해도 돼요?

Can I pay by credit card?

[캐나이 페이 바이 크레딧 카알ㄷ]

💬 저기요, 지하철역이 어디예요?

Excuse me, where's the subway station?

[익쓰큐즈 미 웨얼ㅈ 더 썹웨이 스떼이션]

💬 여행자 수표 받아요?

Are you taking traveler's checks?

[아유 테이킹 츄뤠블러ㅅ 췍ㅅ]

💬 시간이 얼마나 걸려요?

How long does it take?

[하우 롱 더짓 테익]

💬 이건 뭐예요?

What is it?

[왓 이짓]

💬 메이시스 백화점 가려면 어디서 내려요?

Where do I get off for Macy's?

[웨얼 드 아이 게럽 포 메이씨ㅈ]

💬 몇 시에 체크아웃 해야 하나요?

What time should I check out?

[왓 타임 슈다이 체카웃]

💬 와인 한 잔 주세요.

A glass of wine, please.

[어 글래썹 와인 플리이ㅈ]

💬 수건 몇 장 더 갖다 주실래요?

Can you get me some more towels?

[캐뉴 겟 미 썸 모어 타월ㅈ]

💬 저희 사진 좀 찍어주시겠어요?

Would you take a picture for us?

[우쥬 테이커 픽춸 포 어ㅅ]

💬 열쇠 하나 더 주시겠어요?

Can I have an extra key?

[캐나이 해번 엑스트러 키이]

💬 저 영어 잘 못해요.

I can't speak English well.

[아이 캔ㅌ 스픽 잉글리쉬 웰]

💬 5시에 모닝콜 좀 해주실 수 있을까요?

Could you give me a wake-up call at 5?

[쿠쥬 깁 미 어 웨이컵 콜 앳 퐈이ㅂ]

💬 천천히 말씀해 주세요.

Slow down, please.

[슬로우 다운 플리이ㅈ]

💬 이곳에서 추천하는 메뉴는 뭐예요?

What do you recommend here?

[왓 두유 뤠커멘ㄷ 히얼]

💬 네? 다시 말씀해 주시겠어요?

Sorry? ↗

[쏴리↗]

＊이 경우 반드시 끝을 올려 말해야 함

1. 공항 및 기내 ✈️ 🛂

≫ 비행기 표를 끊을때 🎙️1_01.mp3

001	시카고 가는 표 한 장 예매하고 싶은데요.	**I'd like to reserve a seat for Chicago.** [아일 라잌 트 퀴절버 씨잍 포 시카-고우]
002	시카고 가는 표 한 장 주세요.	**I'd like a seat for Chicago.** [아일 라잌 어 씨잍 포 시카-고우]
003	다음 비행편에 좌석이 있나요?	**Is there a seat on the next flight?** [이ㅈ 데얼 어 씨잍 온 더 넥스ㅌ 플라잍]
004	비행기 시간을 바꾸고 싶은데요.	**I'd like to change my flight time.** [아일 라잌 트 췌인쥐 마이 플라잍 타임]
005	창가 자리로 주세요.	**Window seat, please.** [윈도우 씨잍 플리이ㅈ]
006	통로 자리도 괜찮습니다.	**An aisle seat is good.** [언 아일 씨잍 이ㅈ 귿]

≫ 급하게 환승해야 할 때 🎙️1_02.mp3

007	20분 내로 환승을 해야 해요.	**I need to transfer within 20 minutes.** [아이 닏ㅌ 트랜스풜 위딘 트웨니 미닡ㅊ]

≫ 공항에서 길을 찾을 때 🎙️1_03.mp3

008	저기요, 3번 게이트가 어디예요?	**Excuse me, where's gate 3?** [익쓰큐즈 미 웨얼ㅈ 게잍 뜨리]
009	저기요, 출구가 어디예요?	**Excuse me, where's the way out?** [익쓰큐즈 미 웨얼ㅈ 더 웨이 아웃]
010	저기요, 택시 승차장이 어디예요?	**Excuse me, where's the taxi stand?** [익쓰큐즈 미 웨얼ㅈ 더 택시 스탠ㄷ]
011	저기요, 안내소는 어디예요?	**Excuse me, where's the information center?** [익쓰큐즈 미 웨얼ㅈ 디 인풜메이션 쎈털]

| 012 | 저기요, **푸드 코트**가 어디예요? | Excuse me, where's **the food court**?
[익쓰큐즈 미 웨얼ㅈ 더 풀 코-ㄹ트] |
| 013 | 저기요, **제일 가까운 환전소**가 어디예요? | Excuse me, where's **the closest currency exchange place**?
[익쓰큐즈 미 웨얼ㅈ 더 클로우저스ㅌ 커뤈씨 익스췌인쥐 플레이스] |

❯❯ 내 좌석을 찾을 때 🎧 1_04.mp3

014	제 자리 찾는 거 좀 도와주실래요?	Can you help me **find my seat**? [캐뉴헬ㅍ미 퐈인ㄷ 마이 씨잍]
015	(좌석이) **12 A** 맞으세요?	Are you **12 A**? [아유 트웰ㅂ 에이]
016	(여기) **제 자리**인데요.	That's **my seat**. [댓ㅊ 마이 씨잍]
017	**제 자리에 앉으신** 거 같은데요.	I think **you're in my seat**. [아이 띵ㅋ 유어린 마이 씨잍]

❯❯ 기내식 및 간식을 청할 때 🎧 1_05.mp3

018	**홍차**로 할게요.	I'd like **some black tea**. [아읻 라잌 썸 블랙티이]
019	**커피 하나** 주세요.	I'd like **a coffee**. [아읻 라잌 어 커퓌]
020	저기요, **와인 한 잔** 주세요.	Ma'am, I'd like **a glass of wine**. [맴, 아읻 라잌 어 글래썹 와인]
021	그냥 **와인 한 잔**만 주세요.	Just **a glass of wine**. [저슽 어 글래썹 와인]
022	(무료 음료 제공을 권유받을 때) 주세요.	I'd like **some**. [아읻 라잌 썸]
023	**밀크티** 있나요?	Do you have **milk tea**? [두 유 햅 밀ㅋ 티]

23

| 024 | 자몽 주스 있나요? | **Do you have grapefruit juice?**
[두 유 햅 그레잎푸룻 쥬-ㅅ] |

» 무료 음료냐고 물어볼 때　🎧1_06.mp3

| 025 | 무료로 제공하는 술인가요? | **Is it a complimentary drink?**
[이짓 어 캄플러멘터뤼 드링ㅋ] |
| 026 | 무료로 제공하는 물인가요? | **Is it complimentary water?**
[이짓 캄플러멘터뤼 워러] |

» 기타 도움 및 서비스를 요청할 때　🎧1_07.mp3

027	담요 하나 주세요.	**I'd like a blanket.** [아잍 라잌 어 블랭킷]
028	휴지 좀 주세요, 필요해요.	**I need some tissues, please.** [아이 닏 썸 티슈ㅈ 플리이즈]
029	반창고가 필요합니다.	**I need some bandages.** [아이 닏 썸 밴디쥐ㅈ]
030	소화제 같은 거 있어요?	**Do you have anything for indigestion?** [두 유 햅 애니띵 포 인디줴스춴]
031	수면안대 있나요?	**Do you have sleep masks?** [두 유 햅 슬맆 매슥ㅅ]
032	짐칸을 닫으려고 하는데요, 잘 안 되네요.	**I'm trying to close the overhead compartment, but it doesn't work.** [암 츄라잉 트 클로우ㅈ 디 오우벌헤드 컴파알트먼트 벝 잇 더즌 워얼ㅋ]
033	이 서류 작성하는 법 좀 알려 주실 래요?	**Can you tell me how to fill out this form?** [캐뉴텔미 하우 트 퓔라웃 디스 포엄]
034	이 서류 작성 좀 도와주실래요?	**Can you help me with this form?** [캐뉴헬ㅍ미 윋 디스 포엄]
035	이거 좀 도와주실래요?	**Can you help me with this?** [캐뉴헬ㅍ미 윋 디스]

❯❯ 옆 좌석 사람과 간단히 대화를 나눌 때 🎧1_08.mp3

036	(날씨가) 너무 덥네요.	It's **too hot**. [잇ㅊ 투우 핫]
037	(날씨가) 너무 춥네요.	It's **too cold**. [잇ㅊ 투우 코울드]
038	라스베이거스에 가세요?	Are you **going to Las Vegas**? [아유 고우잉 트 라ㅅ 붸이거ㅅ]
039	전 비행기를 타는 게 처음이에요.	It's my first time to **fly**. [잇ㅊ 마이 퓔슽 타임 트 플라이]
040	해외여행은(해외여행 하는 건) 처음이에요.	It's my first time to **travel overseas**. [잇ㅊ 마이 퓔슽 타임 트 츄래블 오우벌씨이즈]
041	인도는(인도에 와보는 건) 처음이에요.	It's my first time to **be in India**. [잇ㅊ 마이 퓔슽 타임 트 비 인 인디아]
042	소리 좀 줄여 주시겠어요?	Would you **turn it down**? [우쥬 터닛다운]

❯❯ 입국심사대에서 줄을 확인할 때 🎧1_09.mp3

043	외국 여권 소지자 줄인가요?	Is this **line for foreign passport holders**? [이ㅈ 디ㅅ 라인 포 포륀 패스폴트 호울덜ㅈ]

❯❯ 입국심사 시 입국 목적을 밝힐 때 🎧1_10.mp3

044	그냥 관광하려고요.	Just **sightseeing**. [저슽 싸잍씨-잉]
045	친구를 방문하는 겁니다.	I'm **visiting my friend**. [암 뷔지딩(링) 마이 프뤤드]
046	그냥 친구를 방문하려고요.	Just **visiting my friend**. [저슽 뷔지딩(링) 마이 프뤤드]
047	가족/친척을 방문하는 겁니다.	I'm **visiting my relatives**. [암 뷔지딩(링) 마이 뤨러팁ㅈ]

25

048	그냥 가족/친척을 방문하려고요.	**Just visiting my relatives.** [저슬 뷔지딩(링) 마이 뤨러팁ㅈ]
049	사업 파트너를 방문하는 겁니다.	**I'm visiting my business partner.** [암 뷔지딩(링) 마이 비ㅈ니ㅅ 파알ㅌ너ㄹ]
050	그냥 사업 파트너를 방문하려고요.	**Just visiting my business partner.** [저슬 뷔지딩(링) 마이 비ㅈ니ㅅ 파알ㅌ너ㄹ]

≫ 입국심사 시 숙소를 밝힐 때　🎧1_11.mp3

051	LA에 있는 언니(누나)/여동생네 집에 머물 거예요.	**I'm staying at my sister's in L.A.** [암 스떼잉 앳 마이 씨스털ㅈ 인 엘에이]
052	시애틀에 사는 오빠(형)/남동생네 집에 머물 거예요.	**I'm staying at my brother's in Seattle.** [암 스떼잉 앳 마이 브러덜ㅈ 인 씨애를]
053	힐튼호텔에 머물 거예요.	**I'm staying at the Hilton.** [암 스떼잉 앳 더 힐튼]

2. 교통 🚗

≫ 안내센터에서　🎧2_01.mp3

054	지하철 노선도 하나 주세요.	**I'd like a subway map.** [아읻 라잌 어 썹웨이 맵]
055	버스 노선표 하나 주실 수 있나요?	**Can you give me a bus map?** [캐뉴 깁 미 어 버ㅅ 맵]
056	지도를 하나 받고 싶습니다.	**I'd like to get a map.** [아읻 라잌 트 게러맵]
057	지도를 하나 얻을 수 있을까요?	**Can I get a map?** [캐나이 게러맵]

058	이 도시에 관한 정보가 필요해요.	**I need some information about the city.** [아이 닏 썸 인풜메이션 어바웃 더 씨디(리)]
059	시내로 갈 택시가 필요해요.	**I need a cab to go downtown.** [아이 닏 어 캡 트 고우 다운타운]
060	호텔로 돌아갈 차편이 필요해요.	**I need a ride back to my hotel.** [아이 닏 어 롸잎 백 트 마이 호우텔]
061	버스 정액 승차권을 사야 해요.	**I need to buy a bus pass.** [아이 닏트 바이 어 버ㅅ 패ㅅ]
062	파리 행 첫 기차는 몇 시예요?	**What time is the first train to Paris?** [왓 타임 이ㅈ 더 풜슽 츄뤠인 트 패러ㅅ]
063	표는 어디서 끊어요?	**Where do I get a ticket?** [웨얼 드 아이 게러 티킷]
064	차는 어디서 빌려요?	**Where do I rent a car?** [웨얼 드 아이 뤤터 카알]
065	자전거는 어디서 빌려요?	**Where do I rent a bike?** [웨얼 드 아이 뤤터 바잌]
066	어디에서 표 사는지 좀 알려 주실래요?	**Can you tell me where to buy a ticket?** [캐뉴텔미 웨얼 트 바이 어 티킷]
067	유레일 패스를 사용하는 건 처음이에요.	**It's my first time to use a Eurail pass.** [잇ㅊ 마이 풜슽 타임 트 유-ㅈ 어 유뤠일 패ㅅ]
068	저기요, 모마에 가려고 하는데요.	**Excuse me, I'm going to the MoMA.** [익쓰큐즈 미 암 고우잉 트 더 모마]
069	몇 호선을 타야 하나요?	**Which line should I take?** [위치 라인 슈다이 테잌]
070	어떤 버스가 소호로 가나요?	**Which bus goes to SoHo?** [위치 버ㅅ 고우ㅈ 트 쏘우호우]
071	한 시간 걷는 거 전 괜찮아요. (아무 문제없어요)	**Walking for an hour is okay for me.** [워킹 포런아워 이ㅈ 오우케이 포 미]

» 교통카드 기계를 사용할 때 2_02.mp3

072	승차권 판매기를 사용하려고 하는데요.	I'm trying to use the ticket machine. [암 츄라잉 트 유-ㅈ 더 티킷 머신]
073	이걸 사용하려고 하는데, 어떻게 하는지 모르겠어요.	I'm trying to use this, but I don't know how. [암 츄라잉 트 유-ㅈ 디ㅅ 벋 아이 도운 노우 하우]
074	이 무인 발권기 사용하는 것 좀 도와주실래요?	Can you help me with this kiosk? [캐뉴헬ㅍ미 윋 디ㅅ 키-아스ㅋ]
075	이 기계 사용하는 법 좀 알려 주실래요?	Can you show me how to use the machine? [캐뉴쇼우미 하우 트 유-ㅈ 더 머신]
076	이거 사용법 아세요?	Do you know how to use it? [두 유 노우 하우 트 유-짓]

» 지하철역사에서 길을 찾을 때 2_03.mp3

077	입구를 찾으려고 하는데요.	I'm trying to find the entrance. [암 츄라잉 트 퐈인 디 엔트런스]
078	이쪽이 출구인가요?	Is this way out? [이ㅈ 디ㅅ 웨이 아웃]
079	이쪽이 출구로 가는 길인가요?	Is this the way to the exit? [이ㅈ 디ㅅ 더 웨이 트 디 엑질(씯)]
080	안내데스크를 찾고 있는데요, 못 찾겠네요.	I'm trying to find the information desk, but I can't. [암 츄라잉 트 퐈인 디 인풜메이션 데슥 벋 아이 캔ㅌ]
081	저기요, 모마에 가려고 하는데요. 몇 호선을 타야 하나요?	Excuse me, I'm going to the MoMA. Which line should I take? [익쓰큐즈 미 암 고우잉 트 더 모마 위치 라인 슈다이 테잌]

» 지하철표를 끊을 때 2_04.mp3

082	메트로 카드 여기서 파나요?	Are you selling Metro Cards here? [아유 쎌링 메트로우 카알ㅈ 히얼]

» 기차표를 끊을 때 🎧 2_05.mp3

083	샌프란시스코 행 기차표 두 장 주세요.	I'd like **two train tickets for San Francisco.** [아일 라잌 투- 츄뤠인 티킷ㅈ 포 샌 프랜씨스코우]
084	7시 30분 기차로 주세요.	I'd like **the train at 7:30.** [아일 라잌 더 츄뤠인 앳 쎄븐 떠리]

» 버스표를 끊을 때 🎧 2_06.mp3

085	보스턴 행 버스표 두 장 주세요.	I'd like **two bus tickets for Boston.** [아일 라잌 투- 버스 티킷ㅈ 포 보스턴]
086	7시 30분 버스로 주세요.	I'd like **the bus at 7:30.** [아일 라잌 더 버스 앳 쎄븐 떠리]
087	버스 정액 승차권을 사야 해요.	I need to **buy a bus pass.** [아이 닡트 바이 어 버스 패스]
088	디즈니랜드로 가는 버스 있나요?	Is there **a bus that goes to Disneyland?** [이ㅈ 데얼 어 버스 댓 고우ㅈ 트 디즈니랜드]

» 기타 버스정류장에서 🎧 2_07.mp3

089	27번 버스 기다리시나요?	Are you **waiting for the number 27 bus?** [아유 웨이링 포 더 넘버 트웨니쎄븐 버스]
090	클로이스터스 뮤지엄으로 가는 버스 기다리시나요?	Are you **waiting for the bus to the Cloisters?** [아유 웨이링 포 더 버스 트 더 클로이스털ㅈ]
091	어떤 버스가 소호로 가나요?	Which bus **goes to SoHo?** [위치 버스 고우ㅈ 트 쏘우호우]
092	다음 버스를 기다립니다.	I'm **waiting for the next bus.** [암 웨이링 포 더 넥스트 버스]
093	버스는 얼마나 자주 와요?	How often **does the bus come?** [하우 오픈 더ㅈ 더 버스 컴]
094	얼마나 기다려야 해요?	How long **should I wait?** [하우 롱 슈다이 웨잍]

» 교통편을 바로 찾았는지 확인할 때 2_08.mp3

095	이거, 시카고행인가요?	Is this for Chicago? [이ㅈ 디ㅅ 포 시카-고우]
096	이거 금문교로 가나요?	Is this going to the Golden Gate Bridge? [이ㅈ 디ㅅ 고우잉 트 더 고울든 게잍 브릿지]

» 내 좌석에 다른 사람이 앉아 있을 때 2_09.mp3

097	(좌석이) 12 A 맞으세요?	Are you 12 A? [아유 트웰ㅂ 에이]
098	(여기) 제 자리인데요.	That's my seat. [댓ㅊ 마이 씨잍]
099	제 자리에 앉으신 거 같은데요.	I think you're in my seat. [아이 띵ㅋ 유어린 마이 씨잍]

» 택시를 타고 행선지를 밝힐 때 2_10.mp3

100	JFK 공항으로 가고 싶어요.	I'd like to go to JFK airport. [아읻 라잌 트 고우트(루) 줴이엪케이 에어폴ㅌ]
101	소호에 가려고요.	I'm going to SoHo. [암 고우잉 트 쏘우호우]

» 택시에서 행선지를 재확인하고 싶을 때 2_11.mp3

102	포트리에 있는 더블트리 바이 힐튼에 가는 거죠?	Are you going to Double Tree by Hilton in Fort Lee? [아유 고우잉 트 더블트리 바이 힐튼 인 폴ㅌ 리]

» 택시기사에게 급하다고 할 때 2_12.mp3

103	저희 7시까지는 거기 가야 해요.	We need to get there by 7:00 PM. [위 닏트 겟데얼 바이 쎄븐 피엠]
104	저희 7시 30분까지는 마제스틱 극장에 가야 해요.	We need to get to the Majestic Theatre by 7:30 PM. [위 닏트 겟 트 더 머제스틱 띠어털(럴) 바이 쎄븐 떠리 피엠]

| 105 | 40분 안에 비행기를 타야 해요. | I need to **catch my flight within 40 minutes**.
[아이 닏트 캐취 마이 플라잇 위딘 포리 미닡ㅊ] |

≫ 역사나 정류장 등의 위치를 물어볼 때 🎧 2_13.mp3

106	저기요, 지하철역이 어디예요?	Excuse me, where's **the subway station**? [익쓰큐즈 미 웨얼ㅈ 더 썹웨이 스떼이션]
107	저기요, 택시 승차장이 어디예요?	Excuse me, where's **the taxi stand**? [익쓰큐즈 미 웨얼ㅈ 더 택시 스땐ㄷ]
108	택시는 어디서 **잡아요**?	Where do I **catch a taxi**? [웨얼 드 아이 캐취 어 택시]
109	그레이하운드 버스는 어디에서 타죠?	Where do I **get on Greyhound**? [웨얼 드 아이 게론 그레이하운ㄷ]
110	전차는 어디서 타요?	Where do I **get on the tram**? [웨얼 드 아이 게론 더 츄뤰]

≫ 내릴 곳을 물을 때 🎧 2_14.mp3

111	브로드웨이에 가려면 어디에서 내려요?	Where do I **get off for Broadway**? [웨얼 드 아이 게렆 포 브롸-ㄷ웨이]
112	메이시스 백화점 가려면 어디서 내려요?	Where do I **get off for Macy's**? [웨얼 드 아이 게렆 포 메이씨ㅈ]
113	모마 미술관에 가려면 어디서 내릴지 알려 주시겠어요?	Would you **let me know where to get off to get to the MoMA**? [우쥬 렛 미 노우 웨얼 트 게렆 트 겟 트 모마]

≫ 내리는 곳을 밝힐 때 🎧 2_15.mp3

| 114 | 다음 정류장에 내립니다. | I'm **getting off at the next stop**.
[암 게링옾 앳 더 넥스-탑] |

≫ 렌트카를 빌릴 때 🎧 2_16.mp3

| 115 | SUV **차량이 좋겠습니다.** | I'd like **an SUV**.
[아읻 라익 언 에스유뷔이] |

116	SUV 차량 있나요?	**Do you have an SUV?** [두유 해번 에스유뷔이]
117	세단을 빌리려고요.	**I'm renting a sedan.** [암 뤤팅 어 시댄]
118	이거 어디서 반납해요?	**Where do I return this?** [웨얼 드 아이 뤼턴 디스]
119	히스로 공항에서 차를 반납해도 되나요?	**Can I return the car at Heathrow Airport?** [캐나이 뤼턴 더 카알 앳 히쓰로우 에어폴트]
120	공항에서 차를 반납하겠습니다.	**I'll return the car at the airport.** [알 뤼턴 더 카알 앳 디 에어폴트]
121	차에 문제가 있는 것 같아요.	**I think something's wrong with the car.** [아이 띵ㅋ 썸띵ㅈ 뤙 윋 더 카알]
122	유럽에서 차를 렌트하는 건 처음이에요.	**It's my first time to rent a car in Europe.** [잇ㅊ 마이 퓔슽 타임 트 뤤터 카알 인 유-럽]

❯❯ 기타 차량을 빌릴 때 🎧2_17.mp3

123	오토바이를 빌리고 싶어요.	**I'd like to rent a motorcycle.** [아읻 라잌 트 뤤터 모우러싸이클]

3. 호텔 🛏

❯❯ 방을 예약할 때 🎧3_01.mp3

124	방을 하나 예약하고 싶은데요.	**I'd like to book a room.** [아읻 라잌 트 부꺼룸]
125	예약을 확인하고 싶은데요.	**I'd like to confirm my reservation.** [아읻 라잌 트 컨펄ㅁ 마이 뤠절베이션]
126	이틀 머무를 예정입니다.	**I'm staying for two days.** [암 스떼잉 포 투- 데이ㅈ]

| 127 | 저뿐입니다. (예약자가 나 한 명뿐
이라고 할 때) | Just me.
[저슽 미] |

» 짐과 관련된 부탁을 할 때 🎧3_02.mp3

128	이것들 제 방으로 옮기는 거 좀 도와주실래요?	Can you help me **carry these to my room?** [캐뉴헬ㅍ미 캐뤼 디이ㅈ 트 마이 룸]
129	제 가방 트렁크에 싣는 거 좀 도와주실래요?	Can you help me **put my baggage into the** **trunk?** [캐뉴헬ㅍ미 풑 마이 배기쥐 인트 더 츄렁ㅋ]
130	잠깐 짐을 보관할 곳이 있을까요?	Is there **any place we can keep our** **luggage for a while?** [이ㅈ 데얼 애니 플레이ㅅ 위 캔 키잎 아월 러기쥐 포러와이얼]
131	가방 좀 잠깐 맡아주실 수 있을까요?	Could you **keep my baggage for a while?** [쿠쥬 키잎 마이 배기쥐 포러와이얼]
132	이거 여기에 둬도 돼요?	Can I **leave it here?** [캐나이 리이빗 히얼]

» 음료 서비스를 받을 때 🎧3_03.mp3

133	무료로 제공하는 술인가요?	Is it **a complimentary drink?** [이짓 어 캄플러멘터뤼 드링ㅋ]
134	무료로 제공하는 물인가요?	Is it **complimentary water?** [이짓 캄플러멘터뤼 워러]
135	(무료 음료 제공을 권유받을 때) 주세요.	I'd like **some.** [아읻 라잌 썸]

» 수건을 더 갖다 달라고 할 때 🎧3_04.mp3

136	수건 몇 장 더 주세요, 필요해요.	I need **some more towels, please.** [아이 닏 썸 모어 타월ㅈ 플리이ㅈ]
137	수건 몇 장 더 받을 수 있을까요?	Can I **get some more towels?** [캐나이 겟 썸 모어 타월ㅈ]
138	수건 몇 장 더 갖다 주실래요?	Can you **get me some more towels?** [캐뉴 겟 미 썸 모어 타월ㅈ]

❯❯ 열쇠를 따로 하나 더 요청할 때 🎧 3_05.mp3

139	열쇠 하나 더 주시겠어요?	**Can I have an extra key?** [캐나이 해번 엑스트러 키이]
140	열쇠를 방에 두고 왔어요.	**I'm locked out.** [암 락타웃]

❯❯ 모닝콜을 부탁할 때 🎧 3_06.mp3

| 141 | 아침에 일찍 일어나야 해요. | **I need to get up early in the morning.**
[아이 닡트 게럽 얼뤼 인 더 모-닝] |
| 142 | 아침 5시에 모닝콜 좀 해주실 수 있을까요? | **Could you give me a wake-up call at 5?**
[쿠쥬 깁 미 어 웨이컵 콜 앳 퐈이브] |

❯❯ 기타 도움을 청할 때 🎧 3_07.mp3

143	비닐봉지가 필요해요.	**I need a plastic bag.** [아이 닢 어 플래스틱 백]
144	반창고가 필요합니다.	**I need some bandages.** [아이 닢 썸 밴디쥐즈]
145	소화제 같은 거 있어요?	**Do you have anything for indigestion?** [두 유 햅 애니띵 포 인디줴스쳔]
146	이 서류 작성하는 법 좀 알려 주실래요?	**Can you tell me how to fill out this form?** [캐뉴텔미 하우 트 퓔라웃 디ㅅ 포엄]
147	이 서류 작성 좀 도와주실래요?	**Can you help me with this form?** [캐뉴헬ㅍ미 윋 디ㅅ 포엄]
148	세탁기 사용하는 것 좀 도와주실래요?	**Can you help me with the laundry machine?** [캐뉴헬ㅍ미 윋 더 론드리 머신]
149	이 식당 예약하는 것 좀 도와주실래요?	**Can you help me book this restaurant?** [캐뉴헬ㅍ미 북 디ㅅ 뤠스터런ㅌ]
150	이거 좀 도와주실래요?	**Can you help me with this?** [캐뉴헬ㅍ미 윋 디ㅅ]

» 시설물 이용에 대해 문의할 때 3_08.mp3

151	와이파이를 써야 해요.	I need to **use the WiFi.** [아이 닏트 유-z 더 와이파이]
152	여기 와이파이 비밀번호 좀 알려 주실래요?	Can you tell me **the password of your WiFi?** [캐뉴텔미 더 패스월ㄷ 옵 유얼 와이파이]
153	컴퓨터를 좀 쓰고 싶은데요.	I'd like to **use a computer.** [아읻 라익 트 유-저 컴퓨럴]
154	컴퓨터 좀 써도 될까요?	Can I **use the computer?** [캐나이 유-z 더 컴퓨럴]
155	이거 좀 써도 될까요?	Can I **use it?** [캐나이 유-짓]
156	서류를 좀 프린트해야 해요.	I need to **print out some documents.** [아이 닏트 프린트 아웃 썸 다큐먼ㅊ]
157	에어컨을 끄려고 하는데요.	I'm trying to **turn the AC off.** [암 츄라잉 트 턴 디 에이씨- 옾]
158	방 온도를 조절하려고 하는데요.	I'm trying to **change the room temperature.** [암 츄라잉 트 췌인쥐 더 룸 템퍼뤄철]
159	이걸 사용하려고 하는데, 어떻게 하는지 모르겠어요.	I'm trying to **use this, but I don't know how.** [암 츄라잉 트 유-z 디ㅅ 벋 아이 도운 노우 하우]
160	이 기계 사용하는 법 좀 알려 주실래요?	Can you show me **how to use the machine?** [캐뉴쇼우미 하우 트 유-z 더 머신]
161	사용할 수 있는 다리미가 있나요?	Do you have **an iron that I can use?** [두 유 햅 언 아이어른 댓 아이 캔 유-z]
162	이 호텔에 세탁실이 있나요?	Do you have **a laundry room in this hotel?** [두 유 햅 어 론드리 룸 인 디ㅅ 호우텔]
163	저기요, 헬스장이 어디예요?	Excuse me, where's **the gym?** [익쓰큐즈 미 웨얼z 더 짐]
164	바가 몇 층에 있는지 알려 주실래요?	Can you tell me **what floor the bar is on?** [캐뉴텔미 왓 플로얼 더 바알 이-존]

165	아침 어디서 먹으면 되는지 알려 주실래요?	**Can you tell me where I can have breakfast?** [캐뉴텔미 웨어라이캔 햅 브뤸풔스ㅌ]
166	수영장 몇 시까지 하는지(몇 시에 문 닫는지) 알려 주실래요?	**Can you tell me what time the swimming pool closes?** [캐뉴텔미 왓 타임 더 스위밍 풀 클로우지ㅈ]
167	거긴 몇 시에 문을 열어요?	**What time does it open?** [왓 타임 더짓- 오우쁜]
168	거긴 몇 시에 문을 닫나요?	**What time does it close?** [왓 타임 더짓- 클로우ㅈ]

시설물에 이상이 있을 때 3_09.mp3

169	와이파이가 안 되는 것 같아요.	**I think the WiFi isn't working.** [아이 띵ㅋ 더 와이퐈이 이즌ㅌ 워얼킹]
170	인터넷이 안 되는 것 같아요.	**I think the Internet isn't working.** [아이 띵ㅋ 디 인터넷(이너넷) 이즌ㅌ 워얼킹]
171	프린터에 종이가 없는 것 같아요.	**I think there's no paper in the printer.** [아이 띵ㅋ 데얼ㅈ 노우 페이펄 인 더 프린털]
172	에어컨이 안 되는 것 같아요.	**I think the air conditioner isn't working.** [아이 띵ㅋ 디 에어 컨디셔널 이즌ㅌ 워얼킹]
173	기계가 안 되는 것 같아요.	**I think the machine isn't working.** [아이 띵ㅋ 더 머신 이즌ㅌ 워얼킹]

다른 사람이 시설물을 쓰고 있을 때 3_10.mp3

174	그거 쓰는 중이세요?	**Are you using it?** [아유 유징 잇]
175	컴퓨터 사용하시는 거예요?	**Are you using the computer?** [아유 유징 더 컴퓨럴]
176	다 하셨어요?	**Are you finished?** [아유 퓌니쉬ㅌ]

» 이 도시에 대한 정보가 필요하다고 할 때 🎧 3_11.mp3

177	이 도시에 관한 정보가 필요해요.	**I need some information about the city.** [아이 닏 썸 인풜메이션 어바웃 더 씨디(리)]
178	지도를 하나 구하고 싶은데요.	**I'd like to get a map.** [아읻 라잌 트 게러맵]
179	지도를 하나 얻을 수 있을까요?	**Can I get a map?** [캐나이 게러맵]

» 교통편에 대해 문의할 때 🎧 3_12.mp3

180	택시가 필요해요.	**I need a cab.** [아이 닏 어 캡]
181	시내로 갈 택시가 필요해요.	**I need a cab to go downtown.** [아이 닏 어 캡 트 고우 다운타운]
182	택시 부르는 것 좀 도와주실래요?	**Can you help me call a taxi?** [캐뉴헬ㅍ미 콜 어 택시]
183	공항에 갈 차편이 필요해요.	**I need a ride to the airport.** [아이 닏 어 롸읻 트 디 에어폴ㅌ]
184	공항버스 있나요?	**Do you have an airport bus?** [두 유 햅 언 에어폴ㅌ 버ㅅ]
185	공항 가는 셔틀버스는 얼마나 자주 있어요?	**How often does the shuttle bus go to the airport?** [하우 오픈 더ㅈ 더 셔를 버ㅅ 고우 트 디 에어폴ㅌ]
186	공항 어떻게 가는지 좀 알려 주실래요?	**Can you tell me how to get to the airport?** [캐뉴텔미 하우 트 겟 트 디 에어폴ㅌ]
187	비행기 예약하는 것 좀 도와주실래요?	**Can you help me book my flight?** [캐뉴헬ㅍ미 북 마이 플라읻]
188	버스 정액 승차권을 사야 해요.	**I need to buy a bus pass.** [아이 닏트 바이 어 버ㅅ 패ㅅ]
189	자전거는 어디서 빌려요?	**Where do I rent a bike?** [웨얼 드 아이 뤤터 바잌]

190	지하철 노선표를 어디서 구해요?	Where do I get a subway map? [웨얼 드 아이 게러 썹웨이 맵]
191	버스 노선표 하나 주실 수 있나요?	Can you give me a bus map? [캐뉴 깁 미 어 버ㅅ 맵]
192	잠깐 호텔 앞에 주차해도 괜찮나요?	Is it okay to park in front of the hotel for a little while? [이ㅈ 잇 오우케이 트 파알킨프론텁 더 호우텔 포러 리를 와이얼]

≫ 식당 좀 추천해 달라고 할 때 ▶3_13.mp3

193	저녁 먹을 만한 곳으로 괜찮은 데를 찾고 있는데요.	I'm trying to find a good place to have dinner. [암 츄라잉 트 퐈인더 굳 플레이ㅅ 트 햅 디너]
194	이 근처에 괜찮은 식당을 찾고 있는데요.	I'm trying to find a good restaurant around here. [암 츄라잉 트 퐈인더 굳 뤠스터런ㅌ 어롸운ㄷ 히얼]
195	근처에 점심을 먹을 수 있는 괜찮은 곳 있을까요?	Is there a good place we can have lunch near here? [이ㅈ 데얼 어 굳 플레이ㅅ 위 캔 햅 런치 니어 히얼]
196	현지 음식을 맛보려면 어디로 가야 하나요?	Where should I go to enjoy some local food? [웨얼 슈다이 고우 트 인조이 썸 로컬 풋]
197	어떤 식당을 추천해 주시겠어요?	Which restaurant would you recommend? [위치 뤠스터런ㅌ 우쥬 뤠커멘ㄷ]
198	어떤 재즈 바가 낭만적인 밤에 제일 잘 어울려요?	Which jazz bar is best for a romantic evening? [위치 재ㅈ 바알 이ㅈ 베슽 포러 뤄맨틱 이브닝]

≫ 기념품 및 기념품 가게를 추천해 달라고 할 때 ▶3_14.mp3

199	기념품 가게를 찾고 있는데요.	I'm looking for a souvenir shop. [암 루킹 포러 쑤브니얼 샵]
200	친구들 선물을 좀 사야 해요.	I need to buy some gifts for my friends. [아이 닡트 바이 썸 깊ㅊ 포 마이 프뤤ㅈ]
201	동료들 기념품 좀 사야 해요.	I need to buy some souvenirs for my colleagues. [아이 닡트 바이 썸 쑤브니얼ㅈ 포 마이 칼릭ㅅ]

| 202 | 한국에 있는 친구들에게는 어떤 선물이 제일 좋을까요? | **Which souvenir** is best for my friends in Korea? [위치 쑤브니얼 이ㅈ 베슽 포 마이 프뤤진 커뤼아] |

» 기타 특정 장소에 대해 문의할 때 🎙3_15.mp3

203	쇼핑하기 좋은 곳 좀 추천해 주실 수 있을까요?	Could you **recommend a good place for shopping?** [쿠쥬 뤠커맨더 굳 플레이ㅅ 포 샤핑]
204	이 도시의 야경을 즐길 수 있는 괜찮은 곳이 있을까요?	Is there **a good place we can enjoy a night view of the city?** [이ㅈ 데얼 어 굳 플레이ㅅ 위 캔 인조이 어 나잇 뷰유 업 더 씨디]
205	여기서 뮤지컬을 보러 가고 싶은데요. (볼 만한 뮤지컬과 극장을 추천받고 싶을 때)	I'd like to **go see a musical here.** [아일 라잌 트 고우 씨 어 뮤지컬 히얼]
206	마사지를 받을 수 있는 곳이 있을까요?	Is there **any place we can get a massage?** [이ㅈ 데얼 애니 플레이ㅅ 위 캔 게러 머싸-쥐]
207	머리를 자르려면 어디로 가야 하나요?	**Where** should I **go to get my hair cut?** [웨얼 슈다이 고우 트 겟 마이 헤얼 컷]
208	반창고 살 만한 데 있을까요?	Is there **any place I can get some bandages?** [이ㅈ 데얼 애니 플레이ㅅ 아이 캔 겟 썸 밴디쥐ㅈ]
209	엽서 살 만한 데가 어딘지 아세요?	Do you know **where I can buy postcards?** [두 유 노우 웨얼 아이 캔 바이 포슽카알ㅈ]
210	헌책 좀 구하려면 어디로 가야 하나요?	**Where** should I **go to get some used books?** [웨얼 슈다이 고우 트 겟 썸 유-스ㅌ 북ㅅ]
211	이걸 어디에서 고쳐야 되나요?	**Where** should I **get it fixed?** [웨얼 슈다이 게릿 퓍스ㅌ]

» 길 좀 알려달라고 할 때 🎙3_16.mp3

212	한국 대사관의 정확한 위치를 알려 주실래요?	Can you tell me **the exact location of the Korean Embassy?** [캐뉴텔미 디 이그젝ㅌ 로우케이션 옵 더 커뤼언 엠버씨]
213	해리포터 스튜디오 가는 길 좀 알려 주실래요?	Can you show me **the way to the Harry Potter Studio?** [캐뉴쑈우미 더 웨이 트 더 해리 파터 스튜디오]

39

❱❱ 시간에 대한 정보를 알아볼 때 🎙️3_17.mp3

214	은행은 몇 시에 문을 닫나요?	**What time does the bank close?** [왓 타임 더ㅈ 더 뱅ㅋ 클로우ㅈ]
215	행사가 몇 시에 시작하는지 아세요?	**Do you know what time the event starts?** [두 유 노우 왓 타임 디 이벤ㅌ 스따알ㅊ]
216	거기 몇 시까지 하는지 아세요?	**Do you know what time they close?** [두 유 노우 왓 타임 데이 클로우ㅈ]
217	파리 행 첫 기차는 몇 시예요?	**What time is the first train to Paris?** [왓 타임 이ㅈ 더 풜슽 츄뤠인ㅌ 트 패러ㅅ]
218	몇 시에 돌아오면 돼요?	**What time should I be back?** [왓 타임 슈다이 비 백]
219	(지금) 몇 시죠?	**What time is it?** [왓 타임 이짓-]

❱❱ 한국어 할 줄 아는 사람을 요청할 때 🎙️3_18.mp3

220	한국어 하는 가이드가 필요해요.	**I need a guide who speaks Korean.** [아이 닡 어 가이ㄷ 후 스픽ㅅ 커뤼언]
221	한국어 하는 가이드 있을까요?	**Is there a guide who speaks Korean?** [이ㅈ 데얼 어 가이ㄷ 후 스픽ㅅ 커뤼언]
222	한국말을 할 줄 아는 사람이 필요해요.	**I need someone who can speak Korean.** [아이 닡 썸원 후 캔 스픽 커뤼언]
223	한국어 할 줄 아는 분 있나요?	**Is there anyone who can speak Korean?** [이ㅈ 데얼 애니원 후 캔 스픽 커뤼언]

❱❱ 체크인 및 체크아웃에 대해 문의할 때 🎙️3_19.mp3

224	몇 시에 체크인 할 수 있나요?	**What time can I check in?** [왓 타임 캐나이 체킨]
225	몇 시에 체크아웃 해야 하나요?	**What time should I check out?** [왓 타임 슈다이 체카웃]

226	내일 오전에 체크아웃 하려고요.	I'm **check**i**ng out tomorrow morning.** [암 체킹 아웃 트마로우 모-닝]
227	두 시간 늦게 체크아웃해도 괜찮나요?	**Is it okay to check out two hours late?** [이ㅈ 잇 오우케이 트 체카웃 투- 아월ㅈ 레잍]

❯❯ 숙박기간을 연장하고 싶을 때 3_20.mp3

228	이틀 더 머물게요.	**I'll stay two more nights.** [알 스떼이 투- 모얼 나잇ㅊ]

❯❯ 호텔직원의 안내에 대해 대꾸할 때 3_21.mp3

229	완벽해요.	It's **perfect.** [잇ㅊ 펄풱ㅌ]
230	바로 제가 정말 가고 싶은 곳이에요.	That's **the place where I love to go.** [댓ㅊ 더 플레이ㅅ 웨어라이 럽 트 고우]
231	제 말은 그게 아니었어요.	That's **not what I meant.** [댓ㅊ 낫 와라이 멘ㅌ]

4. 길거리

❯❯ 길을 찾을 때 (돌려 말하기) 4_01.mp3

232	저 길을 잃은 거 같은데요.	I think **I'm lost.** [아이 띵ㅋ 암 러스트]
233	저희 길을 잃은 거 같아요.	I think **we're lost.** [아이 띵ㅋ 위어 러스트]
234	민스코프 극장을 찾고 있는데요.	I'm **look**i**ng for the Minskoff Theatre.** [암 루킹 포 더 민스콮 띠어럴]
235	디즈니 스토어를 찾으려고 하는데요.	I'm trying to **find a Disney Store.** [암 츄라잉 트 파인더 디즈니 스또얼]

길거리

길거리

236	저기요, **모마**에 가려고 하는데요.	Excuse me, I'm **going** to the MoMA. [익쓰큐즈 미 암 고우잉 트 더 모마]
237	저녁 먹을 만한 곳으로 괜찮은 데를 찾고 있는데요.	I'm trying to **find a good place to have dinner.** [암 츄라잉 트 파인더 굳 플레이ㅅ 트 햅 디너]
238	이 근처에 괜찮은 식당을 찾고 있는데요.	I'm trying to **find a good restaurant around here.** [암 츄라잉 트 파인더 굳 뤠스터런ㅌ 어롸운ㄷ 히얼]
239	에이스 호텔이 어디 있는지 알았으면 하는데요.	I'm trying to **figure out where Ace Hotel is.** [암 츄라잉 트 퓌결 아웃 웨얼 에이스 호우텔 이ㅈ]
240	여기가 어디인지 지도에서 파악하려고 하는데요.	I'm trying to **figure out where we are on the map.** [암 츄라잉 트 퓌결 아웃 웨얼 위 알 온 더 맵]

➋ 길을 찾을 때 (직접적으로 묻기) 🎧4_02.mp3

241	저기요, **지하철역**이 어디예요?	Excuse me, where's **the subway station**? [익쓰큐즈 미 웨얼ㅈ 더 썹웨이 스떼이션]
242	저기요, **택시 승차장**이 어디예요?	Excuse me, where's **the taxi stand**? [익쓰큐즈 미 웨얼ㅈ 더 택시 스탠ㄷ]
243	근처에 **버스정류장**이 있나요?	Is there **a bus stop near here**? [이ㅈ 데얼 어 버스땁 니어 히얼]
244	저기요, **매표소**는 어디예요?	Excuse me, where's **the ticket counter**? [익쓰큐즈 미 웨얼ㅈ 더 티킷 캬운털(캬우너)]
245	**매표소가 어디 있는지** 아세요?	Do you know **where the ticket counter is**? [두 유 노우 웨얼 더 티킷 캬운털(캬우너) 이ㅈ]
246	저기요, **제일 가까운 환전소**가 어디예요?	Excuse me, where's **the closest currency exchange place**? [익쓰큐즈 미 웨얼ㅈ 더 클로우저스ㅌ 커뤈씨 익스췌인쥐 플레이ㅅ]
247	근처에 **환전소**가 있나요?	Is there **a money exchange place nearby**? [이ㅈ 데얼 어 머니 익스췌인쥐 플레이ㅅ 니을바이]
248	근처에 **드러그스토어**가 있나요?	Is there **a drugstore near here**? [이ㅈ 데얼 어 드럭스토어 니어 히얼]

249	근처에 약국 어디 아세요?	Do you know **any pharmacies around here?** [두 유 노우 애니 퐈알머씨ㅈ 어롸운ㄷ 히얼]
250	근처에 현금지급기가 있을까요?	Is there **an ATM near here?** [이ㅈ 데얼 언 에이티엠 니어 히얼]
251	근처에 빵집 어디 아세요?	Do you know **any bakeries around here?** [두 유 노우 애니 베이커리ㅈ 어롸운ㄷ 히얼]
252	쉐이크쉑 버거가 어디 있는지 아세요?	Do you know **where Shake Shack Burger is?** [두 유 노우 웨얼 쉐잌 쉑 버걸 이ㅈ]
253	헌책 좀 구하려면 어디로 가야 하나요?	**Where** should I **go to get some used books?** [웨얼 슈다이 고우 트 겟 썸 유-스ㅌ 붘ㅅ]
254	주유소가 어디 있는지 아세요?	Do you know **where a gas station is?** [두 유 노우 웨어러 개스떼이션 이ㅈ]
255	저기요, 근처에 주유소 어디 아세요?	Excuse me, do you know **any gas stations around here?** [익쓰큐즈 미 두 유 노우 애니 개스떼이션ㅈ 어롸운ㄷ 히얼]
256	페리 타려면 어디로 가야 되는지 알려 주실래요?	Can you tell me **where to go to get on the ferry?** [캐뉴텔미 웨얼 트 고우 트 게론 더 풰리]
257	해리포터 스튜디오 가는 길 좀 알려 주실래요?	Can you show me **the way to the Harry Potter Studio?** [캐뉴쑈우미 더 웨이 트 더 해리 퐈터 스튜디오]
258	한국 대사관의 정확한 위치를 알려 주실래요?	Can you tell me **the exact location of the Korean Embassy?** [캐뉴텔미 디 이그젝ㅌ 로우케이션 옵 더 커뤼언 엠버씨]
259	저기요, 여기가 어디죠? (지금 **내**가 어디 있는 거죠?)	Excuse me, where am **I?** [익쓰큐즈 미 웨얼 앰 아이]
260	저기요, 여기가 어디죠? (지금 **저희**가 어디에 있는 거죠?)	Excuse me, where are **we?** [익쓰큐즈 미 웨얼 아 위]

❯❯ 길을 찾을 때 (교통편 묻기) 📻4_03.mp3

261	공항에 어떻게 가요?	How do I get to **the airport?** [하우 드 아이 겟 트 디 에어폴ㅌ]

262	공항 어떻게 가는지 좀 알려 주실래요?	**Can you tell me how to get to the airport?** [캔유텔미 하우 트 겟 트 디 에어폴트]
263	해리포터 스튜디오에 어떻게 가요?	**How do I get to the Harry Potter Studio?** [하우 드 아이 겟 트 더 해리 퐈터 스튜디오]
264	해리포터 스튜디오 가는 길 좀 알려 주실래요?	**Can you show me the way to the Harry Potter Studio?** [캔유쇼우미 더 웨이 트 더 해리 퐈터 스튜디오]
265	여기서 모마 미술관에 어떻게 가요?	**How do I get to the MoMA from here?** [하우 드 아이 겟 트 더 모마 프롬 히얼]
266	자유의 여신상에 어떻게 가요?	**How do I get to the Statue of Liberty?** [하우 드 아이 겟 트 더 스떼츄 옵 리버디]
267	센트럴 파크에 어떻게 가요?	**How do I get to Central Park?** [하우 드 아이 겟 트 센트뤌 파알ㅋ]
268	스테이플스 센터에 어떻게 가요?	**How do I get to Staples Center?** [하우 드 아이 겟 트 스떼이플ㅅ 쎈털]
269	여기서 버킹엄 궁전에 어떻게 가요?	**How do I get to Buckingham Palace from here?** [하우 드 아이 겟 트 버킹엄(햄) 팰러ㅅ 프롬 히얼]
270	도그 이어드 북스에 어떻게 가요?	**How do I get to Dog-Eared Books?** [하우 드 아이 겟 트 독이얼드 북ㅅ]
271	버스 터미널에 어떻게 가요?	**How do I get to the bus terminal?** [하우 드 아이 겟 트 더 버ㅅ 터-ㄹ미널]
272	거기서 여기로 어떻게 돌아와요?	**How do I get back here from there?** [하우 드 아이 겟 백 히얼 프롬 데얼]
273	여기서 시내 어떻게 가요?	**How do I get downtown from here?** [하우 드 아이 겟 다운타운 프롬 히얼]
274	거긴 어떻게 가요?	**How do I get there?** [하우 드 아이 겟 데얼]
275	(지도나 주소를 보여주며) 여기서 이곳은 어떻게 가요?	**How do I get to this place from here?** [하우 드 아이 겟 트 디ㅅ 플레이ㅅ 프롬 히얼]
276	거기 가는 방법 아세요?	**Do you know how to get there?** [두 유 노우 하우 트 겟 데얼]

277	어떤 버스가 소호로 가나요?	Which bus **goes to SoHo**? [위치 버ㅅ 고우ㅈ 트 쏘우호우]
278	몇 호선을 타야 하나요?	Which line **should I take**? [위치 라인 슈다이 테일]

≫ 길을 확인할 때 🎧 4_04.mp3

279	이쪽이 지하철역으로 가는 길인가요?	Is this **the way to the subway station**? [이ㅈ 디ㅅ 더 웨이 트 더 썹웨이 스떼이션]
280	여기가 **타임스퀘어**인가요?	Is this **Times Square**? [이ㅈ 디ㅅ 타임스퀘얼]

≫ 건물 안에서 길을 찾을 때 🎧 4_05.mp3

281	**입구를 찾으려고** 하는데요.	I'm trying to **find the entrance**. [암 츄라잉 트 파인 디 엔트런스]
282	저기요, **출구가 어디예요?**	Excuse me, where's **the way out**? [익쓰큐즈 미 웨얼ㅈ 더 웨이 아웃]
283	저기요, **4번 출구가 어디예요?**	Excuse me, where's **exit number 4**? [익쓰큐즈 미 웨얼ㅈ 엑짙(씰) 넘벌 포얼]
284	이쪽이 **출구**인가요?	Is this **way out**? [이ㅈ 디ㅅ 웨이 아웃]
285	이쪽이 **출구로 가는 길**인가요?	Is this **the way to the exit**? [이ㅈ 디ㅅ 더 웨이 트 디 엑짙(씰)]
286	저기요, **안내소는 어디예요?**	Excuse me, where's **the information center**? [익쓰큐즈 미 웨얼ㅈ 디 인풜메이션 쎈털]
287	**안내데스크를 찾고 있는데요, 못 찾겠네요.**	I'm trying to **find the information desk, but I can't.** [암 츄라잉 트 파인 디 인풜메이션 데슥 벝 아이 캔ㅌ]
288	저기요, **헬스장이 어디예요?**	Excuse me, where's **the gym**? [익쓰큐즈 미 웨얼ㅈ 더 짐]
289	저기요, **푸드 코트가 어디예요?**	Excuse me, where's **the food court**? [익쓰큐즈 미 웨얼ㅈ 더 푿 코-ㄹㅌ]

45

290	쇼핑몰 안에 물품 보관함이 있나요?	**Are there lockers in the mall**? [아 데얼 락컬ㅈ 인 더 몰]
291	잠깐 짐을 보관할 곳이 있을까요?	**Is there any place we can keep our luggage for a while**? [이ㅈ 데얼 애니 플레이ㅅ 위 캔 키잎 아월 러기쥐 포러와이얼]
292	여성복은 몇 층에 있는지 알려 주실래요?	Can you tell me **what floor women's clothes is on**? [캐뉴텔미 왓 플로얼 위민ㅈ 클로우지ㅈ 온]

≫ 목적지까지 거리가 얼마나 되냐고 물을 때 4_06.mp3

293	여기서 얼마나 멀어요?	**How far is it from here**? [하우 퐐 이짓 프롬 히얼]
294	쇼핑몰까지는 얼마나 멀어요?	**How far is it to the mall**? [하우 퐐 이짓 트 더 몰]
295	시간이 얼마나 **걸려요**?	**How long does it take?** [하우 롱 더짓 테잌]
296	거기 가는 데 시간이 얼마나 걸려요?	**How long does it take to get there?** [하우 롱 더짓 테잌 트 겟 데얼]

≫ 시간을 물을 때 4_07.mp3

297	실례합니다만, 지금 몇 시인가요?	Excuse me, what time **is it now**? [익쓰큐즈 미 왓 타임 이짓- 나우]

≫ 공용시설물을 쓰기 전에 4_08.mp3

298	이거 좀 써도 될까요?	**Can I use it**? [캐나이 유-짓]
299	그거 쓰는 중이세요?	**Are you using it**? [아유 유징 잇]
300	다 하셨어요?	**Are you finished**? [아유 퓌니쉬ㅌ]

❯❯ 긴급도움이 필요할 때 🎧4_09.mp3

301 여기 좀 도와주세요!	**I need some help here!** [아이 닏 썸 헬ㅍ 히얼]

❯❯ 낯선 사람에게 사진 같이 찍자고 할 때 🎧4_10.mp3

302 당신과 사진을 좀 찍어도 될까요?	**May I take a picture with you?** [메이아이 테이커 픽쳘 윋 유]
303 강아지 사진 좀 찍어도 될까요?	**May I take a picture of your dog?** [메이아이 테이커 픽쳘 옵 유얼 독]

---

5. 식당 🍽

❯❯ 패스트푸드점에서 🎧5_01.mp3

식당

304 치즈버거랑 사이다 작은 거 하나 주세요.	**I'll have a cheese burger and a small Sprite.** [알 해버 치ㅈ 벌걸 앤더(애너) 스몰 스프라읻]
305 채식 샌드위치랑 콜라 큰 거 하나 주세요.	**I'll have a veggie sandwich and a large Coke.** [알 해버 붸지 새느위치 앤더(애너) 라아ㄹ쥐 콕]
306 여기서 먹을게요.	**For here, please.** [포 히얼 플리이즈]
307 포장해 갈게요.	**To go, please.** [투 고우 플리이즈]

❯❯ 음식을 주문할 때 🎧5_02.mp3

308 스테이크로 하겠습니다.	**I'll have the steak.** [알 햅 더 스떼잌]
309 그걸로 할게요. (주세요.)	**I'll have it.** [알 해빗]

310	(메뉴판을 가리키며) 이걸로 할게요.	**I'll have this one.** [알 햅 디ㅅ 원]
311	(메뉴판을 가리키며) 이것만 할게요.	**Just this one.** [저슽 디ㅅ 원]
312	같은 걸로 할게요.	**I'd like the same.** [아읻 라잌 더 쎄임] **I'll have the same.** [알 햅 더 쎄임]
313	추천하는 메뉴는 뭐예요?	**What do you recommend here?** [왓 두유 뤠커멘ㄷ 히얼]
314	오늘의 특별 요리가 뭐예요?	**What's the today's special?** [왓ㅊ 더 트데이ㅈ 스페셜]

≫ 특정 재료를 빼달라고 할 때 5_03.mp3

315	땅콩은 빼 주세요.	**Hold the peanuts, please.** [호울 더 피넛ㅊ 플리이ㅈ]
316	땅콩에 알레르기가 있어요.	**I'm allergic to peanuts.** [암 얼러ㄹ직 트 피넛ㅊ]
317	새우는 빼 주세요.	**Hold the shrimp, please.** [호울 더 슈림ㅍ 플리이ㅈ]
318	새우에 알레르기가 있어요.	**I'm allergic to shrimp.** [암 얼러ㄹ직 트 슈림ㅍ]
319	설탕만 넣어 주세요.	**Just sugar, please.** [저슽 슈걸 플리이ㅈ]

≫ 음료를 주문할 때 5_04.mp3

320	커피 하나 주세요.	**I'd like a coffee.** [아읻 라잌 어 커퓌] **I'll have a coffee.** [알 햅어 커퓌]
321	톨 사이즈 아이스 라떼 주세요.	**I'd like a tall iced latte.** [아읻 라잌 어 톨 아이슫 라떼이] **I'll have a tall iced latte.** [알 햅어 톨 아이슫 라떼이]

322	톨 카푸치노로 할게요.	I'd like **a tall cappuccino**. [아읻 라익 어 톨 카푸취노우] I'll have **a tall cappuccino**. [알 핻어 톨 카푸취노우]
323	홍차로 할게요.	I'd like **some black tea**. [아읻 라익 썸 블랙티이] I'll have **some black tea**. [알 햅 썸 블랙티이]
324	저기요, 와인 한 잔 주세요.	**Ma'am, I'd like a glass of wine.** [맴, 아읻 라익 어 글래썹 와인] **Ma'am, I'll have a glass of wine.** [맴, 알 핻어 글래썹 와인]
325	그냥 와인 한 잔만 주세요.	**Just a glass of wine.** [저슫 어 글래썹 와인]
326	맥주 하나 주세요.	**I'd like a beer.** [아읻 라익 어 비얼] **I'll have a beer.** [알 햅어 비얼]
327	맥주 한 병 주시겠어요?	**Can I have a beer?** [캐나이 해버 비어]
328	밀크티 있나요?	**Do you have milk tea?** [두 유 햅 밀ㅋ 티]
329	자몽 주스 있나요?	**Do you have grapefruit juice?** [두 유 햅 그레잎푸룯 쥬-ㅅ]
330	커피 두 잔이랑 다이어트 콜라 한 잔 주시겠어요?	**Can I have two coffees and a Diet Coke?** [캐나이 햅 투- 커퓌ㅈ 앤더(애너) 다이얻 콕]
331	톨 사이즈 커피 한 잔이랑 톨 사이즈 아이스 라떼 한 잔 주세요.	**I'd like a tall coffee and a tall iced latte.** [아읻 라익 어 톨 커퓌 앤더(애너) 톨 아이슫 라떼이]

❯❯ 전채요리나 디저트를 주문할 때 🎙️S_05.mp3

332	애피타이저로는 시저 샐러드 주세요.	**I'll have a Caesar salad as an appetizer.** [알 해버 씨-절 샐런 애-전 애퍼타이절]
333	디저트로는 초콜릿 무스 할게요.	**I'll have a chocolate mousse for dessert.** [알 해버 촤컬릳 무-ㅆ 포 디절트]
334	초콜릿 아이스크림으로 주세요.	**Chocolate ice cream**, please. [촤컬릳 아이ㅅ 크륌 플리이ㅈ]

❯❯ 음식을 아직 결정 못했을 때 🎧5_06.mp3

335	시간이 더 필요해요.	**I need more time.** [아이 닏 모얼 타임]
336	아직 생각 중이에요.	**I'm still think**ing. [암 스띨 띵킹]
337	아직 결정을 못 했어요.	**I haven't decided yet.** [아이 해븐 디사이디드 옡]
338	아직 주문할 준비가 안 됐어요.	**I'm not ready to order yet.** [암 낫 뤠디 트 오덜 옡]

❯❯ 맛에 대해 말할 때 🎧5_07.mp3

339	맛있어요.	**It's good.** [잇ㅊ 귿] **It's delicious.** [잇ㅊ 딜리셔ㅅ]
340	완벽해요.	**It's perfect.** [잇ㅊ 펄풱트]
341	너무 매워요.	**It's too spicy.** [잇ㅊ 투우 스파이씨] **It's too hot.** [잇ㅊ 투우 핫]
342	좀 짜네요.	**It's a little salty.** [잇ㅊ 어 리를 쏘올티]
343	달콤해요.	**It's sweet.** [잇ㅊ 스위-트]

❯❯ 여기는 처음이라고 말할 때 🎧5_08.mp3

344	여기는(여기 와보는 건) 처음입니다.	It's my first time to **be here.** [잇ㅊ 마이 풜슫 타임 트 비 히얼]
345	태국 음식은 처음 먹어봐요.	It's my first time to **have Thai food.** [잇ㅊ 마이 풜슫 타임 트 햅 타이 풀]
346	이런 음식은 처음 먹어봐요.	It's my first time to **have this kind of food.** [잇ㅊ 마이 풜슫 타임 트 햅 디ㅅ 카인덥 풀]

⟫ 주문한 음식 및 계산서에 문제가 있을 때 🎧 5_09.mp3

347	이거 덜 익은 거 같아요.	**I think this is not cooked very well.** [아이 띵ㅋ 디씨-ㅈ 낫 쿡ㅌ 붸뤼 웨얼] **I think it's not fully cooked.** [아이 띵ㅋ 잇ㅊ 낫 풀리 쿡ㅌ]
348	이거 좀 더 익혀 주실 수 있어요?	**Can you cook this a little bit more?** [캐뉴 쿡 디서 리를 빝 모어]
349	이거 상한 거 같아요.	**I think this went bad.** [아이 띵ㅋ 디ㅅ 웬ㅌ 배ㄷ]
350	그건 제가 주문한 게 아닌데요.	**That's not what I ordered.** [댓ㅊ 낫 와라이 오덜ㄷ]
351	이거 제가 주문한 게 아닌 거 같은데요.	**I think this is not what I ordered.** [아이 띵ㅋ 디씨-ㅈ 낫 와라이 오덜ㄷ]
352	전 아이스크림을 안 시켰어요.	**I didn't order ice cream.** [아이 디든 오덜 아이ㅅ 크륌]
353	디저트로 브라우니를 하나 시켰는데요.	**I ordered a brownie for dessert.** [아이 오덜ㄷ 어 브롸우니 포 디절ㅌ]
354	계산서가 잘못된 거 같은데요.	**I think this bill is wrong.** [아이 띵ㅋ 디ㅅ 비일 이ㅈ 륑]

⟫ 화장실을 물을 때 🎧 5_10.mp3

355	화장실을 좀 써야겠는데요.	**I need to use the restroom.** [아이 닡ㅌ 유-ㅈ 더 뤠슽룸]
356	저기요, 화장실이 어디예요?	**Excuse me, where's the restroom?** [익쓰큐즈 미 웨얼ㅈ 더 뤠슽룸]

⟫ 기타 필요한 것을 요청할 때 🎧 5_11.mp3

357	물 좀 주시겠어요?	**Can I get some water?** [캐나이 겟 썸 워러]

358	휴지 좀 주세요, 필요해요.	**I need some tissues, please.** [아이 닏 썸 티슈ㅈ 플리이즈]
359	냅킨 좀 갖다 주시겠어요?	**Can I get some napkins?** [캐나이 겟 썸 냅킨ㅈ]
360	포크 하나 더 주실 수 있을까요?	**Could you give me another fork?** [쿠쥬 깁 미 언어더 포얼ㅋ]
361	와이파이를 써야 해요.	**I need to use the WiFi.** [아이 닏트 유-ㅈ 더 와이퐈이]
362	여기 와이파이 비밀번호 좀 알려 주실래요?	**Can you tell me the password of your WiFi?** [캐뉴텔미 더 패스월ㄷ 옵 유얼 와이퐈이]

❯❯ 예약할 때 🎙5_12.mp3

363	7시에 저녁식사 예약을 하고 싶은데요.	**I'd like to reserve a table for dinner at 7.** [아읻 라잌 트 뤼절버 테이블 포 디너 앳 쎄븐]
364	오늘 저녁 6시에 세 사람 자리를 예약하고 싶은데요.	**I'd like to reserve a table for three for today at 6 p.m.** [아읻 라잌 트 뤼절버 테이블 포 뜨리 포 트데이 앳 씩스 피엠]
365	오후 6시 이후에는 언제라도 괜찮아요.	**Any time after 6 pm is fine with me.** [애니 타임 앺털 씩ㅅ 피엠 이ㅈ 퐈인 윋 미]
366	(별문제 없다는 의미로) 전 괜찮아요.	**I'm okay.** [암 오우케이]
367	창가 자리로 잡아 주세요.	**Window seat, please.** [윈도우 씨잍 플리이ㅈ]
368	저뿐입니다. (예약자가 나 한 명뿐이라고 할 때)	**Just me.** [저슽 미]
369	예약을 확인하고 싶은데요.	**I'd like to confirm my reservation.** [아읻 라잌 트 컨펄ㅁ 마이 뤠절베이션]
370	정장을 입어야 하나요?	**Should I wear a suit?** [슈다이 웨어러 수-ㅌ]

| 371 | 거기에 몇 시까지 가야 하나요? | **What time should I be there?**
[왓 타임 슈다이 비 데얼] |

◉ 더 필요한 게 있냐는 물음에 답변할 때 `S_13.mp3`

| 372 | 없습니다, 고마워요. | **Nothing, thanks.**
[낫띵 땡스] |
| 373 | (음식 등을 권하는 것에 대해)
전 됐습니다. | **I'm okay.**
[암 오우케이] |

◉ (미예약 시) 기다리겠다고 할 때 `S_14.mp3`

374	대기자 명단에 이름을 올릴게요.	**I'll put my name on the waiting list.** [알 풑 마이 네임 온 더 웨이팅(링) 리스트]
375	기다릴게요.	**I'll wait.** [알 웨잍]
376	얼마나 기다려야 해요?	**How long should I wait?** [하우 롱 슈다이 웨잍]
377	여기서 기다려야 하나요?	**Should I wait here?** [슈다이 웨잍 히얼]

◉ 기타 `S_15.mp3`

378	몇 시까지 하세요?	**What time do you close?** [왓 타임 두 유 클로우즈]
379	몇 시에 문 여세요?	**What time do you open?** [왓 타임 두 유 오우쁜]
380	문 닫으시는 건가요?	**Are you closing now?** [아유 클로징 나우]
381	(술집에서) 해피아워인가요?	**Is it happy hour?** [이짓 해피 아월]

식당

6. 쇼핑

≫ 물건을 찾을 때 📱6_01.mp3

382	어벤져스 액션 피규어를 찾고 있습니다.	I'm **looking** for *Avengers* **action figures.** [암 루킹 포 어벤절ㅅ 액션 퓌결ㅈ]
383	뉴욕 로고가 있는 티셔츠를 찾고 있는데요.	I'm **trying to** find a T-shirt with the New York logo on it. [암 츄라잉 트 퐈인더 티-셜ㅌ 윈 더 뉴-욕ㅋ 로우고우 어닛]
384	가족이랑 친구들한테 줄 선물을 좀 찾고 있습니다.	I'm **looking** for some gifts for my family and friends. [암 루킹 포 썸 기픝ㅊ 포 마이 풰밀리 앤 프뤤ㅈ]
385	친구들 선물을 좀 사야 해요.	I need to **buy some gifts for my friends.** [아이 닏ㅌ 바이 썸 깊ㅊ 포 마이 프뤤ㅈ]
386	동료들 기념품 좀 사야 해요.	I need to **buy some souvenirs for my colleagues.** [아이 닏ㅌ 바이 썸 쑤브니얼ㅈ 포 마이 칼릭ㅅ]
387	한국에 있는 친구들에게는 어떤 선물이 제일 좋을까요?	**Which souvenir** is best for my friends in Korea? [위치 쑤브니얼 이ㅈ 베슽 포 마이 프뤤진 커뤼아]
388	친구들 선물 고르는 거 좀 도와주실래요?	Can you help me **choose some gifts for my friends?** [캐뉴헬ㅍ미 츄-ㅈ 썸 깊ㅊ 포 마이 프뤤ㅈ]
389	이 책 찾는 거 좀 도와주실래요?	Can you help me **find this book?** [캐뉴헬ㅍ미 퐈인ㄷ 디ㅅ 북]
390	'콜드 마운틴'이라는 책 좀 찾아주시겠어요?	Would you **find a book called** *Cold Mountain?* [우쥬 퐈인더 북 콜ㄷ 코울ㄷ 마운튼]
391	'콜드 마운틴'이라는 책 있어요?	Do you have **a book called** *Cold Mountain?* [두 유 햅 어 북 콜ㄷ 코울ㄷ 마운튼]
392	콜드플레이의 새 앨범 있어요?	Do you have **the new Coldplay album?** [두 유 햅 더 뉴 코올ㄷ플레이 앨범]
393	콜드플레이의 새 앨범 좀 찾아주시겠어요?	Would you **find a new Coldplay album?** [우쥬 퐈인더 뉴 코올ㄷ플레이 앨범]

394	여성복은 몇 층에 있는지 알려 주실래요?	Can you tell me **what floor women's clothes is on?** [캐뉴텔미 왓 플로얼 위민ㅈ 클로우지ㅈ 온]
395	12개월 된 아이에게는 무슨 장난감이 제일 좋을까요?	**Which toy** is the best choice for a **12-month old?** [위치 토이 이ㅈ 더 베슬 초이ㅅ 포러 트웰ㅂ먼ㅆ 오울드]

≫ 물건을 고를 때 🎧6_02.mp3

396	최신 모델 있나요?	Do you have **a new model?** [두 유 햅 어 뉴- 마들(를)]
397	어떤 브랜드가 여기서 가장 인기가 있나요?	**Which brand** is the most popular here? [위치 브랜ㄷ 이ㅈ 더 모우슽 팝퓰럴 히얼]
398	이거 다른 색깔로 있나요?	Do you have **it in different colors?** [두 유 햅 잇 인 디프런ㅌ 컬럴ㅈ]
399	이거 분홍색으로 있나요?	Do you have **these in pink?** [두 유 햅 디이ㅈ 인 핑ㅋ]
400	이게 정말 맘에 드는데요, 보라색으로 있나요?	**I really like them, but** do you have **these in purple?** [아이 뤼얼리 라일 뎀(듬) 벝 두 유 햅 디이ㅈ 인 퍼얼쁠]
401	그건 제 사이즈가 아녜요.	That's **not my size.** [댓ㅊ 낫 마이 싸이ㅈ]
402	이 사람한테는 너무 작은데요.	It's **too small for him.** [잇ㅊ 투우 스몰 포 힘(임)]
403	더 큰 거 있을까요?	Do you have **a bigger one?** [두 유 햅 어 비걸원]
404	더 큰 사이즈 있을까요?	Do you have **a bigger size?** [두 유 햅 어 비걸 싸이ㅈ]
405	더 작은 거 있을까요?	Do you have **a smaller one?** [두 유 햅 어 스몰러 원]
406	더 작은 사이즈 있을까요?	Do you have **a smaller size?** [두 유 햅 어 스몰러 싸이ㅈ]

407 어떤 게 **더** 큰가요?	**Which one is bigger?** [위치 원 이ㅈ 비걸]	
408 너무 비싸요.	**It's too expensive.** [잇ㅊ 투우 익스펜씨ㅂ]	
409 더 싼 거 있을까요?	**Do you have a cheaper one?** [두 유 햅 어 취펄 원]	
410 어떤 게 **더** 싼가요?	**Which one is cheaper?** [위치 원 이ㅈ 취펄]	
411 어떤 게 **더** 좋나요?	**Which one is better?** [위치 원 이ㅈ 베럴]	
412 나한테 맞는 건 어떤 건가요?	**Which one is for me?** [위치 원 이ㅈ 포 미]	
413 이것들로 5개 있나요?	**Do you have five of these?** [두 유 햅 퐈이ㅂ 디이ㅈ]	

》 물건이 마음에 들 때 🎧 6_03.mp3

414 이거 정말 마음에 들어요.	**I really like it.** [아이 뤼얼리 라이킷] **I really like them.** [아이 뤼얼리 라잌 뎀(듬)]	
415 이거 좋네요.	**This is good.** [디ㅅ 이ㅈ 굳]	
416 이 디자인 전 좋아요.	**This design is good for me.** [디ㅅ 디자인 이ㅈ 굳 포 미]	
417 이 셔츠 저한텐 좋은데요.	**This shirt is fine with me.** [디-셜ㅌ 이ㅈ 퐈인 윋 미]	
418 제가 제일 좋아하는 색깔이네요.	**That's my favorite color.** [댓ㅊ 마이 풰이버륕 컬러]	
419 이것도 괜찮은데요.	**This one is also good.** [디ㅅ 원 이ㅈ 올쏘우 굳]	

❱❱ 남성/여성용인지 등을 확인할 때 🎧6_04.mp3

420	남성용인가요?	Is it **for men**? [이짓 포 멘]
421	여성용인가요?	Is it **for women**? [이짓 포 위민]
422	남자아이용인가요?	Is it **for boys**? [이짓 포 보이ㅈ]
423	여자아이용인가요?	Is it **for girls**? [이짓 포 거얼ㅈ]
424	남녀공용인가요?	Is it **unisex**? [이짓 유니섹스]
425	이거 남자아이용인 거 같은데. 아니 여자아이용인가요?	This looks like it's **for boys**. Or is it **for girls**? [디ㅅ 룩ㅅ 라익 잇ㅊ 포 보이ㅈ 오얼 이짓 포 거얼ㅈ]
426	어떤 게 여자아이용인가요?	Which one **is for girls**? [위치 원 이ㅈ 포 거얼ㅈ]

❱❱ 착용해 봐도 되냐고 물어볼 때 🎧6_05.mp3

| 427 | 한번 입어보고/신어보고/해보고
싶어요. | I'd like to **try it on**.
[아읻 라익 트 츄라이 잍 온-] |
| 428 | 이거 좀 입어/신어/해 봐도 돼요? | Can I **try this on**?
[캐나이 츄라이 디-손] |

❱❱ 물건을 살 때 🎧6_06.mp3

429	저 재킷으로 주세요.	I'd like **that jacket**. [아읻 라익 댓 재킷]
430	노란색으로 할게요.	I'd like **the yellow one**. [아읻 라익 더 옐로우원]
431	빨간 걸로 할게요.	I'll have **the red one**. [알 햅 더 뤠ㄷ원]

432	이걸로 할게요.	**I'll have this one.** [알 햅 디ㅅ 원]
433	그걸로 할게요. (주세요.)	**I'll have it.** [알 해빗] **I'll take it.** [알 테이킷] **I'll buy it.** [알 바이잇]
434	이것만 할게요.	**Just this one.** [저슽 디ㅅ 원]
435	바로 제가 찾던 책이에요.	**That's the book I've been looking for.** [댓ㅊ 더 북 아입 빈 루킹 포]

» 할인되냐고 물어볼 때 6_07.mp3

436	이거 세일 중이에요?	**Is this on sale?** [이ㅈ 디ㅅ 온 세이얼]
437	지금 세일 중인가요?	**Are you offering a sale right now?** [아유 오-풔링 어 쎄일 롸잇나우]
438	할인해 주실 수 있나요?	**Can you give me a discount?** [캐뉴 깁 미 어 디스카운트]
439	할인을 해 주시는 거예요?	**Are you giving me a discount?** [아유 기빙 미 어 디스카운트]

» 가격을 물을 때 6_08.mp3

440	(이거/그거) 얼마예요?	**How much is it?** [하우 머취 이짓]
441	저거 얼마예요?	**How much is that?** [하우 머취 이ㅈ 댓]
442	1인당 얼마예요?	**How much per person?** [하우 머취 퍼 펄슨]
443	다 해서 얼마예요?	**How much in total?** [하우 머취 인 토를]

| **444** 얼마 **더** 내야 하죠? | **How much more do I have to pay?**
[하우 머취 모어 두 아이 햅 트 페이] |

≫ 계산할 때 🎧 6_09.mp3

445 현금으로 낼게요.	**I'll pay in cash.** [알 페이 인 캐쉬]
446 현금으로 계산해도 되나요?	**Can I pay in cash?** [캐나이 페이 인 캐쉬]
447 신용카드 받아요?	**Are you taking credit cards?** [아유 테이킹 크레딧 카알ㅈ]
448 신용카드로 계산해도 되나요?	**Can I pay with a credit card?** [캐나이 페이 윋 어 크레딧 카알ㄷ] **Can I pay by credit card?** [캐나이 페이 바이 크레딧 카알ㄷ]
449 여행자 수표 받아요?	**Are you taking traveler's checks?** [아유 테이킹 츄뤠블러ㅅ 첵ㅅ]
450 여행자 수표를 써도 되나요?	**Can I use traveler's checks?** [캐나이 유-ㅈ 츄뤠블러ㅅ 첵ㅅ]
451 계산은 어디서 해요?	**Where do I pay?** [웨얼 드 아이 페이]
452 계산서가 잘못된 거 같은데요.	**I think this bill is wrong.** [아이 띵ㅋ 디ㅅ 비일 이ㅈ 륑]

≫ 환불을 요청할 때 🎧 6_10.mp3

| **453** 이거 환불받고 싶어요. | **I'd like a refund.** [아읻 라잌 어 뤼펀ㄷ]
I'd like to get a refund for it.
[아읻 라잌 트 게러 뤼펀ㄷ 포릿] |

≫ 선물포장해 달라고 할 때 🎧 6_11.mp3

| **454** 그걸 선물 포장하고 싶어요. | **I'd like to have that gift-wrapped.**
[아읻 라잌 트 햅 댓 기플뤱ㅌ] |

쇼핑

455	선물 포장해 주시겠어요?	Can I get it gift-wrapped? [캐나이 게릿 기플뤱ㅌ]

» 그냥 둘러보는 거라고 말할 때 6_12.mp3

456	그냥 둘러보는 거예요, 고마워요.	I'm just looking around, thanks. [암 저슽 루킹 어롸운ㄷ 땡ㅅ]

» 개점 시간을 물을 때 6_13.mp3

457	문 닫으시는 건가요?	Are you closing now? [아유 클로징 나우]
458	몇 시까지 하세요?	What time do you close? [왓 타임 두 유 클로우ㅈ]
459	몇 시에 문 여세요?	What time do you open? [왓 타임 두 유 오우쁜]

» 그밖에 문의사항이 있을 때 6_14.mp3

460	쇼핑몰 안에 물품 보관함이 있나요?	Are there lockers in the mall? [아 데얼 락컬ㅈ 인 더 몰]
461	잠깐 짐을 보관할 곳이 있을까요?	Is there any place we can keep our luggage for a while? [이ㅈ 데얼 애니 플레이ㅅ 위 캔 키잎 아월 러기쥐 포러와이얼]
462	술을 사려면 여권을 보여줘야 하나요?	Should I show my passport to buy liquor? [슈다이 쇼우 마이 패스폴 트 바이 리껄]
463	비닐봉지가 필요해요.	I need a plastic bag. [아이 닏 어 플래스틱 백]

» 드러그스토어 및 약국에서 6_15.mp3

464	반창고가 필요합니다.	I need some bandages. [아이 닏 썸 밴디쥐ㅈ]

465	두통약이 좀 필요합니다.	**I need some medicine for a headache.** [아이 닏 썸 메드쓴 퍼러 헤드에일]
466	소화제 같은 거 있어요?	**Do you have anything for indigestion?** [두 유 햅 애니띵 포 인디줴스쳔]

❯❯ 은행 및 환전소에서 ᘓᘏ 6_16.mp3

467	한국 돈을 미국 달러로 바꾸고 싶어요.	**I'd like to change Korean money into U.S. dollars.** [아일 라익 트 체인쥐 커뤼언 머니 인트 유-에스 달럴ㅈ]
468	한국 돈을 유로화로 바꾸고 싶어요.	**I'd like to change Korean money into euros.** [아일 라익 트 체인쥐 커뤼언 머니 인트 유로우ㅅ]
469	(이 지폐) 잔돈으로 바꿔야 해요.	**I need to break this bill.** [아이 닏트 브렉 디ㅅ 비일]
470	(이 지폐) 잔돈으로 바꿔 주실 수 있나요?	**Can you break this bill?** [캐뉴 브렉 디ㅅ 비일]
471	(이 지폐) 25센트짜리 동전으로 바꿔야 해요.	**I need to break this bill into quarters.** [아이 닏트 브렉 디ㅅ 비일 인트 쿠어럴ㅈ]
472	(이 지폐) 20달러짜리 지폐 10장으로 바꿔야 해요.	**I need to break this bill into ten $20 bills.** [아이 닏트 브렉 디ㅅ 비일 인트 텐 트웬티(트웨니) 달러 비일ㅈ]

7. 관광지

❯❯ 매표소가 어디인지 물을 때 ᘓᘏ 7_01.mp3

473	저기요, 매표소는 어디예요?	**Excuse me, where's the ticket counter?** [익쓰큐즈 미 웨얼ㅈ 더 티킷 캬운털(캬우너)]
474	매표소가 어디 있는지 아세요?	**Do you know where the ticket counter is?** [두 유 노우 웨얼 더 티킷 캬운털(캬우너) 이ㅈ]

475	어디에서 표 사는지 좀 알려 주실래요?	**Can you tell me where to buy a ticket?** [캐뉴텔미 웨얼 트 바이 어 티킷]

▶▶ 매표소 앞에서 7_02.mp3

476	줄 서신 거예요?	**Are you in line?** [아유 인 라인]
477	기다리는 줄인가요?	**Is this line for waiting?** [이ㅈ 디ㅅ 라인 포 웨이팅(링)] **Is this the line to wait?** [이ㅈ 디ㅅ 더 라인 트 웨잍]
478	표 끊는 줄인가요?	**Is this line for tickets?** [이ㅈ 디ㅅ 라인 포 티킷ㅊ]
479	아, 미안합니다. 누굴 좀 기다리고 있어요.	**Oh, sorry! I'm just waiting for someone.** [오 쏴뤼 암 저슽 웨이팅(링) 포 썸원]
480	이 무인 발권기 사용하는 것 좀 도와주실래요?	**Can you help me with this kiosk?** [캐뉴헬ㅍ미 윋 디ㅅ 키-아스ㅋ]
481	'위키드' 표 3장 주세요.	**I'd like three tickets for *Wicked*.** [아일 라익 뜨리 티킷ㅊ 포 위킫]

▶▶ 문화공연 및 행사 시간 등을 물어볼 때 7_03.mp3

482	뮤지컬은 몇 시에 시작되죠?	**What time does the musical start?** [왓 타임 더ㅈ 더 뮤-지컬 스따알ㅌ]
483	행사가 몇 시에 시작하는지 아세요?	**Do you know what time the event starts?** [두 유 노우 왓 타임 디 이벤ㅌ 스따알ㅊ]
484	마지막 공연은 몇 시죠?	**What time is the last show?** [왓 타임 이ㅈ 더 래슽 쇼우]

▶▶ 원하는 장소를 물을 때 7_04.mp3

485	장비는 어디서 빌려요?	**Where do I rent the equipment?** [웨얼 드 아이 뤤트 디 이큅먼ㅌ]
486	자전거는 어디서 빌려요?	**Where do I rent a bike?** [웨얼 드 아이 뤤터 바잌]

| 487 | 오토바이를 빌리고 싶은데요. | I'd like to **rent a motorcycle.**
[아일 라일 트 **뤤터 모우러싸이클**] |
| 488 | 페리 타려면 어디로 가야 되는지
알려 주실래요? | Can you tell me **where to go to get on the**
ferry? [캐뉴텔미 웨얼 트 고우 트 게론 더 퀘리] |

≫ 이용하는 데 시간이 얼마나 걸리냐고 물을 때 🎧 7_05.mp3

| 489 | 시간이 얼마나 **걸려요?** | How long **does it take?**
[하우 롱 더짓 테익] |
| 490 | 마사지 받는 데 시간이 얼마나
걸려요? | How long **does it take to get a massage?**
[하우 롱 더짓 테익 트 게러 머싸-쥐] |

≫ 화장실을 물을 때 🎧 7_06.mp3

491	화장실을 좀 써야겠는데요.	I need to **use the restroom.** [아이 닏트 유-ㅈ 더 뤠슬룸]
492	저기요, 화장실이 어디예요?	Excuse me, where's **the restroom?** [익쓰큐즈 미 웨얼ㅈ 더 뤠슬룸]
493	화장실이 어디 있는지 아세요?	Do you know **where the restroom is?** [두 유 노우 웨얼 더 뤠슬룸 이ㅈ]
494	손 씻을 수 있는 데가 어딘지 아세요?	Do you know **where I can wash my hands?** [두 유 노우 웨얼 아이 캔 와쉬 마이 핸ㅈ]

≫ 한국어 가이드를 요청할 때 🎧 7_07.mp3

| 495 | 한국어 하는 가이드가 필요해요. | I need **a guide who speaks Korean.**
[아이 닏 어 가이드 후 스픽ㅅ 커뤼언] |
| 496 | 한국어 하는 가이드 있을까요? | Is there **a guide who speaks Korean?**
[이ㅈ 데얼 어 가이드 후 스픽ㅅ 커뤼언] |

≫ 기타 문의사항 🎧 7_08.mp3

| 497 | (베니스에서) 곤돌라를 타려면 미
리 예약을 해야 하나요? | Should I **book a gondola ride in advance?**
[슈다이 북커 간덜러 롸이딘 애드밴ㅅ] |

관광지

498	귀중품을 안내 데스크에 맡겨야 되나요?	**Should I leave my valuables with the front desk?** [슈다이 리이브 마이 밸류어블ㅈ 윋 더 프론ㅌ 데슼]
499	이 서류를 작성해야 하나요?	**Should I fill out this form?** [슈다이 퓔라웃 디ㅅ 포엄]
500	여기서 기다려야 하나요?	**Should I wait here?** [슈다이 웨잍 히얼]
501	그건 몇 시에 끝나요?	**What time will it be over?** [왓 타임 윌 잇 비 오우벌]

≫ 낯선 사람에게 사진 같이 찍자고 할 때 🎙7_09.mp3

502	강아지 사진 좀 찍어도 될까요?	**May I take a picture of your dog?** [메이아이 테이커 픽철 옵 유얼 독]
503	당신과 사진을 좀 찍어도 될까요?	**May I take a picture with you?** [메이아이 테이커 픽철 윋 유]

≫ 그 순간의 감상 및 소감을 말할 때 🎙7_10.mp3

504	굉장한데요.	**It's amazing.** [잇ㅊ 어메이징]
505	환상적인데요.	**It's fantastic.** [잇ㅊ 팬태스틱]
506	완벽해요.	**It's perfect.** [잇ㅊ 펄퓍ㅌ]
507	이거/여기 좋네요.	**This is good.** [디ㅅ 이ㅈ 굳]
508	이 디자인 전 좋아요.	**This design is good for me.** [디ㅅ 디자인 이ㅈ 굳 포 미]
509	이것도 괜찮은데요.	**This one is also good.** [디ㅅ 원 이ㅈ 올쏘우 굳]
510	진짜 아름답네요.	**It's so beautiful.** [잇ㅊ 쏘우 뷰우리플]

511	진짜 귀여워요.	It's **so cute**. [잇ㅊ 쏘우 큐트]
512	신나는데요.	It's **exciting**. [잇ㅊ 익사이링]
513	정말 흥미진진해요.	It's **really interesting**. [잇ㅊ 륄을리 인트뤠스팅]
514	좀 지루해요.	It's **a little boring**. [잇ㅊ 어 리를 보어륑]
515	기묘한데요.	It's **weird**. [잇ㅊ 위얼ㄷ]

❱❱ 첫 경험이라고 말할 때 🎙️7_11.mp3

516	전 **낙타를 타**는 건 처음이에요.	It's my first time to **ride a camel**. [잇ㅊ 마이 풜슽 타임 트 롸이더 캐멀]
517	**스키 타**는 건 처음이에요.	It's my first time to **ski**. [잇ㅊ 마이 풜슽 타임 트 스끼이]
518	**스노클링 하러 가**는 건 처음이에요.	It's my first time to **go snorkeling**. [잇ㅊ 마이 풜슽 타임 트 고우 스노오끌링]
519	**오페라를 보**는 건 처음이에요.	It's my first time to **see an opera**. [잇ㅊ 마이 풜슽 타임 트 씨이 언 앞쁘뤄]

8. 언제 어디서든 ✈️ 🚗 🛏️ 🪧 🍽️ 🎫 🏢

❱❱ 감사인사 🎙️8_01.mp3

520	**휴대폰** 감사합니다. (잘 썼어요.)	Thank you for **the cell phone**. [땡큐 포 더 쎌 폰]
521	**펜** 감사합니다. (잘 썼어요.)	Thank you for **the pen**. [땡큐 포 더 펜]

522	태워 주셔서 감사합니다.	Thank you for the ride. [땡큐 포 더 롸이ㄷ]
523	같이 사진 찍어 주셔서 감사합니다.	Thank you for taking a picture with me. [땡큐 포 테이킹 어 픽쳘 윋 미]
524	시간 내 주셔서 감사합니다.	Thank you for your time. [땡큐 포 유어 타임]
525	기다려 주셔서 감사합니다.	Thank you for waiting. [땡큐 포 웨이링]
526	조언해 주셔서 감사해요.	Thank you for your advice. [땡큐 포 유어 얻봐이ㅅ]
527	도와주셔서 감사합니다.	Thank you for your help. [땡큐 포 유어 헬ㅍ]
528	친절을 베풀어 주셔서 감사합니다.	Thank you for your kindness. [땡큐 포 유어 카인니ㅅ]
529	그렇게 말씀해 주셔서 감사합니다.	Thank you for saying that. [땡큐 포 쎄잉 댓]
530	양해해 주셔서 감사합니다.	Thank you for understanding. [땡큐 포 언덜스땐딩]
531	배려해 주셔서 감사합니다.	Thank you for your consideration. [땡큐 포 유어 컨씨더뤠이션]
532	다 감사합니다.	Thank you for everything. [땡큐 포 에브리띵]

» 내 물건을 챙길 때 8_02.mp3

533	제 거예요.	That's mine. [댓ㅊ 마인]
534	제 게 아니에요.	That's not mine. [댓ㅊ 낫 마인]
535	제 짐이에요.	That's my baggage. [댓ㅊ 마이 배기쥐] That's my luggage. [댓ㅊ 마이 러기쥐]

| 536 | 그건 제 **노트북**이에요. | That's **my laptop.**
[댓ㅊ 마이 랩탑] |

» 문제가 생겼을 때 8_03.mp3

537	경찰에 **신고해야** 하나요?	**Should I call the police?** [슈다이 콜 더 펄리-ㅅ]
538	병원에 **가야** 하나요?	**Should I go see a doctor?** [슈다이 고우 씨이 어 닥털]
539	여기 좀 **도와주세요!**	I need **some help here!** [아이 닏 썸 헬ㅍ 히얼]

» 한국어 할 줄 아는 사람을 요청할 때 8_04.mp3

| 540 | **한국말을 할 줄 아는 사람**이 필요해요. | I need **someone who can speak Korean.**
[아이 닏 썸원 후 캔 스픽 커뤼언] |
| 541 | **한국어 할 줄 아는 분** 있나요? | Is there **anyone who can speak Korean?**
[이ㅈ 데얼 애니원 후 캔 스픽 커뤼언] |

» 대답하기 어려운 질문을 받았을 때 8_05.mp3

| 542 | 그건 **대답하기 곤란한 질문**이네요. | That's **a difficult question to answer.**
[댓ㅊ 어 디퓌컬ㅌ 쿠에스쳔 트 앤썰] |

» 별문제 없다고 말할 때 8_06.mp3

543	(별문제 없다는 의미로) 전 **괜찮아요.**	**I'm okay.** [암 오우케이]
544	전 완전 **괜찮아요.** (전혀 문제없어요)	**I'm perfectly okay.** [암 펄퓍ㅌ리 오우케이]
545	여기는 **모든 것이** 좋아요. (아무 문제없어요)	**Everything here** is okay. [에브리띵 히얼 이ㅈ 오우케이]

언제 어디서든

546	한 시간 걷는 거 전 괜찮아요. (아무 문제없어요)	**Walking for an hour is okay for me.** [워킹 포런아워 이ㅈ 오우케이 포 미]
547	저희한텐 오늘 저녁 괜찮아요.	**This evening is fine with us.** [디ㅅ 이브닝 이ㅈ 퐈인 윋 어ㅅ]